COLEÇÃO
Direito
PROCESSUAL
na Ordem
CONSTITUCIONAL

Juízo de Excepcionalidade do STJ

COLEÇÃO
Direito
PROCESSUAL
na Ordem
CONSTITUCIONAL

Coordenadores
Luiz Rodrigues Wambier
Fábio L. Quintas
Georges Abboud

Juízo de Excepcionalidade do STJ

Eduardo Lessa Mundim

2019

EDITORA
JusPODIVM
www.editorajuspodivm.com.br

EDITORA *Jus*PODIVM
www.editorajuspodivm.com.br

Rua Território Rio Branco, 87 – Pituba – CEP: 41830-530 – Salvador – Bahia
Tel: (71) 3045.9051
• Contato: https://www.editorajuspodivm.com.br/sac

Diagramação: Futura Editoração *(rogerio@futuraeditoracao.com)*

Capa: Marcelo S. Brandão *(santibrando@gmail.com)*

Revisor Responsável: Cláudia Pinheiro Fernandes do Prado

M965j Mundim, Eduardo Lessa.
Juízo de excepcionalidade do STJ / Mundim, Eduardo Lessa – Salvador: Editora JusPodivm, 2019.
208 p. (Direito processual na ordem constitucional / Coordenadores Luiz Rodrigues Wambier, Fábio L. Quintas, Georges Abboud)

Bibliografia.
ISBN 978-85-442-2763-3.

1. Direito processual civil. 2. Teoria geral do processo. 3. Direito Constitucional. I. Mundim, Eduardo Lessa. II. Wambier, Luiz Rodrigues. III. Quintas, Fábio L. IV. Abboud, Georges. V. Título.

CDD 341.4

AGRADECIMENTOS

Dedico este trabalho a Deus, que me deu força e saúde diante de inúmeras frentes de batalha. Os desafios são meu combustível para vencer as mais difíceis missões, mas, sem a providência divina, não se avança em nada.

Dedico o trabalho à minha esposa Viviane Ferreira Mundim, que muito me ajudou em casa e me auxiliou na produção diária do texto, apesar do meu estresse com a rotina e com a divisão do tempo diante das inúmeras demandas pessoais. Dedico também ao meu pai, à minha mãe, ao meu irmão, familiares que sempre me incentivaram a estudar.

Minha gratidão ao eminente Ministro Napoleão Nunes Maia Filho, cuja filosofia garantista me permitiu refletir sobre as mais profundas questões do direito processual. Esse aporte humanístico foi fundamental para desenvolver ideias muito inéditas (e bastante ousadas diante dos paradigmas vigentes). Meu agradecimento à Mariana Costa de Oliveira, Chefe de Gabinete, que me incentivou a ingressar no mestrado e a aprofundar os estudos.

Aos colegas de Gabinete, meu agradecimento pelos debates e sugestões.

Obrigado aos colegas de Mestrado, especialmente Fernando Torreão de Carvalho, Marcus Vinícius Aguiar Faria, Samuel Sales Fonteles, Kayo César Araújo da Silva, que me deram orientações acerca do proceder no momento das escolhas durante a pesquisa.

Imenso agradecimento aos colegas Servidores do Superior Tribunal de Justiça, em especial aos colegas da Secretaria Judiciária, na pessoa de Augusto Gentil, que me franqueou acesso a dados estatísticos e fontes primárias de pesquisa. Grato estou aos Servidores da Biblioteca, que me ajudaram na localização de itens do acervo. Grato aos Servidores da Coordenadoria da Primeira Turma, que me esclareceram pontos dos normativos da Corte acerca do acesso aos processos eletrônicos.

Especialíssima gratidão ao Professor Luiz Rodrigues Wambier, que muito compreendeu a ideia deste trabalho, incentivando o livre desenvolvimento dos argumentos. A intervenção sempre muito cordial, pacífica e esperançosa do Professor facilitou a fluência da pesquisa.

APRESENTAÇÃO

Estreia de Eduardo Lessa Mundim na literatura jurídica

1

É um lugar comum muito frequente na apresentação de produções intelectuais dizer-se que os seus autores *pagam o preço* da estreia, com isso se aludindo a uma espécie de escusa antecipada pelas incompletudes dos seus textos ou pela superficialidade das análises por eles empreendidas. Essa invocação é ainda mais comum quando se trata de escritores estreantes na literatura jurídica, tendo em vista que só muito raramente se encontrará um tema de Direito que ainda não tenha sido objeto de reflexões por parte de mestres consagrados. O fato de já terem sido explorados por autores de nomeada faz certos assuntos jurídicos praticamente infensos à abordagem de escritores *ainda não conhecidos do grande público.*

No caso deste livro do Professor Eduardo Lessa Mundim, essa regra antiga não tem aplicação, porquanto o seu trabalho – focando destemidamente um assunto sobre o qual há copiosa produção de autores celebrados – se apresenta *brilhantemente inovador,* chamando a atenção dos aplicadores do Direito Processual Civil para as inumeráveis virtudes e inegáveis eficácias que se escondem nos institutos processuais pertinentes ao juízo de admissibilidade do Recurso Especial ao Superior Tribunal de Justiça. O Professor Lessa Mundim faz um estudo singular e superiormente valioso, superando, pela sua originalidade de enfoque e de análise, o que se tem habitualmente escrito a respeito do tema por ele desenvolvido.

O autor discorre com rara elegância e exata precisão sobre o instituto da admissibilidade do Recurso Especial e chama a atenção dos juristas para um aspecto que parece ter escapado à argúcia de outros mestres. Esse aspecto é, justamente, o que se relaciona com os chamados óbices sumulares à cognição dessa modalidade recursal. Muitos escritores têm criticado a aplicação desses empecilhos, mas o Professor Mundim é, ao que me consta, o que mais verticalmente apreciou essa matéria, *observando que, em última análise, trata-se de erguer um obstáculo à própria competência do STJ, para conhecer e decidir sobre a relação jurídica material controvertida, posta no Recurso Especial,* o que lhe é reservado, pela Carta Magna.

Outro ponto que muito atraiu a minha atenção foi o da apreciação do valor da verba honorária, em sede recursal especial. Como bem anotou o autor, a orientação do STJ é a de que esse exame somente poderá ser realizado quando o referido valor for *exorbitante ou irrisório.* No entanto, avaliar se tal valor se situa neste ou naquele patamar é algo que também se acha na competência do STJ, de sorte que seria o caso de *sempre se conhecer do recurso e então decidir se será o caso de elevar ou reduzir o valor da verba.* É claro que algum referencial deverá ser encontrado, para que essa estimativa seja criteriosa e, sobretudo, possa ser controlada.

A voz do Professor Lessa Mundim se põe em competente contraponto às entusiásticas vozes que se erguem em louvor dos esbarros sumulares, mostrando que o quadro de direitos subjetivos *não pode – e não deve – ficar à mercê de soluções tutelas imediatas ou rápidas, dadas com a velocidade do raio, criando grandes inseguranças e maiores incertezas, pondo em risco o sentido pacificador que a jurisdição deve aportar aos litígios jurídicos.* No entanto, cresce constantemente e aumenta de volume a tendência para hipervalorizar as súmulas e os precedentes judiciais, sem se atentar que, não raras vezes, as suas diretrizes se acham superadas ou, pelo menos, não veiculam soluções adequadas aos dias correntes, *embora tenham sido valiosas e altamente prestantes nos dias do passado, talvez até recente.*

Penso que não ocorre a nenhuma mente lúcida imaginar que os institutos do Processo Civil tenham chegado a um ponto tal de evolução que não seja mais necessária – ou desejável – a introdução de aperfeiçoamentos, mas também acredito – e nisso estou de pleno acordo com o Professor Lessa Mundim – que esses aperfeiçoamentos não devem destruir as instituições que os juristas do passado, em tempos mais tranquilos e pacíficos, construíram em elaborações demoradas. Creio que as palavras do autor nos chegam num momento apropriado e oportuno, pois o *vendaval das novidades* parece mesmo querer varrer da doutrina jurídica a nossa herança cultural, *pelo simples fato de ser antiga,* como se isso fosse o bastante para o seu descarte.

Este trabalho do Professor Lessa Mundim contém um oportuno grito de advertência contra as novidades que são apreciadas *só e apenas por serem novidades,* como se isso fosse suficiente para se imporem à nossa inteligência e à nossa compreensão. Talvez estejamos todos deslembrados das palavras prudentes do rei Salomão, quando ponderava aos seus contemporâneos que *não devemos abandonar as instituições que os nossos antepassados nos legaram.*

O Professor Mundim não se assustou de modo algum com o fantasma das críticas e sabe seguramente que a sua contribuição intelectual se encaminha para as altitudes da doutrina do futuro, quando a força do vendaval amainar o seu ímpeto e as ponderações mais refletidas tomarem o lugar das adesões entusiásticas. Na verdade, a Jurisprudência dos Tribunais do País, inclusive a do colendo Superior Tribunal de Justiça, tem quebrado a impetuosidade das exegeses apressadas, notadamente quanto ao instituto do Recurso Especial, passando a exigir que a situação examinada pelos seus Ministros seja submetida a avaliações que valorizem os seus conteúdos meritórios. Quando se tratar de *relação jurídica de evidência,* por exemplo, isto é, quando o direito postulado se evidenciar mais do que *líquido e certo,* ou seja, *incontestável mesmo,* consoante ensina o magistério do Ministro Luiz Fux, os percalços processuais devem ser minimizados, em favor da solução de mérito.

2

Tive a feliz oportunidade – como apresentador desta obra – de ler, reler e tornar a ler as ideias jurídicas do meu caríssimo amigo Professor Eduardo Lessa Mundim e não me surpreendi em constatar que ele se alinha entre os cultores reverenciais das nossas mais caras tradições jurídicas e que permanece o mesmo otimista e denodado criador de pensamentos originais, urdidos na intimidade de sua inteligência invulgarmente privilegiada que expressa as suas elaborações numa linguagem sedutora, em que repontam aqui e ali verdadeiros *achados* de sonoridades atraentes.

O escritor é Assessor do meu Gabinete no STJ e costumo dizer que ele é uma referência elevadíssima do padrão de excelência dos Servidores do Tribunal. A sua mais destacada qualidade, além do seu acendrado amor à justiça, é a obstinada perseguição do ideal do equilíbrio, da harmonia e da razoabilidade. Tenho para mim que o Eduardo incorpora o espírito dos filósofos gregos, maximamente o de Aristóteles, dado que demonstra um esforço ímpar e constante para realizar, pela via da solução judicial, os graves problemas que as desigualdades entre as pessoas naturalmente provocam.

Um espírito lúcido e harmonioso como o de Eduardo Lessa Mundim deve mesmo se inquietar com as assimetrias e desníveis que o tumulto das leis processuais civis vem gerando. Por isso não me causa espanto que muitas vezes a leitura do seu texto revele um certo desgosto ou certo desvalor quanto ao préstimo de algumas criações que mais desservem do que aprimoram a Justiça, este sim, o valor que ele cultua com paixão e – ouso dizer – com uma certa dose de romantismo acadêmico.

3

Eis aqui um livro escrito com grande competência e aplicação, no qual se vê em todas as suas páginas a impressão digital e espiritual do autor, inspirado nos mais elevados propósitos, sem nenhuma concessão aos oportunismos ou aos modismos; pelo contrário, a seriedade do Professor Lessa Mundim é uma marca permanente. Congratulo-me com o escritor e com a sua obra.

Parabéns, Professor Eduardo Lessa Mundim.

Brasília, março de 2019.

Napoleão Nunes Maia Filho,
Ministro do STJ.

SUMÁRIO

LISTA DE TABELAS E ESQUEMAS

INTRODUÇÃO

Em um dos momentos limiares do curso de Mestrado no Instituto Brasiliense de Direito Público-IDP, o pensamento e a perspectiva do autor desta obra era discutir grandes e axiais temas em democracia, trazendo a lume as soluções mais acertadas e mais urgentes para os mais agudos males da sociedade brasileira no ponto. A perspectiva era descortinar todas as linhas críticas, rejeitar aquelas ineficientes e, assim e então, se teria o ponto terminal do debate levantado. Era um pensamento ingênuo – sem dúvida!

Contudo, embora se saiba que a ciência tenha o objetivo de buscar soluções aos problemas, como amiúde se vê nas ciências da saúde – em que, por pesquisas, se descobre um novo fármaco para uma moléstia que acomete milhões de pessoas –, deve-se, nesse afã, trilhar precisos e previstos caminhos para que o conhecimento possa, assim, ser reconhecido como válido e validável.

Uma das experiências mais enriquecedoras advenientes da disciplina de *Métodos de Pesquisa* é a assimilação de que a *ciência se forma e se desenvolve a partir de um processo de validação intersubjetiva* (SARLO, 2009, p. 175-208).

O importante, nesse processo, é obter um *recorte da realidade*, especialmente diante duma *multiplicidade inabarcável, do constante fluir, do acontecer fático* (LARENZ, 1997, p. 391).

É bem verdade que existem concepções extremamente críticas aos métodos de produção de pesquisa e de conhecimento, que advieram especialmente do pensador austríaco Paul Feyerabend, para quem:

> *A ideia de que a ciência pode e deve ser governada de acordo com regras fixas e universais é simultaneamente não-realista e perniciosa. É não-realista, pois supõe uma visão por demais simples dos talentos do homem e das circunstâncias que encorajam ou causam seu desenvolvimento. E é perniciosa, pois a tentativa de fazer valer as regras aumentará forçosamente nossas qualificações profissionais à custa de nossa humanidade. Além disso, a ideia é prejudicial à ciência, pois negligencia as complexas condições físicas e históricas que influenciam a mudança científica. Ela torna a ciência menos adaptável e mais dogmática...* (FEYERABEND *apud* CHALMERS, 1993, p. 175).

Apesar do alerta do filósofo, a inserção de um recorte da realidade, associado a uma teoria que o dê suporte se reveste se sobrelevada importância, na medida em que permite tornar a pesquisa passível de crítica pública de uma comunidade científica interessada nos resultados (e nos caminhos) da investigação.

Essa perspectiva de ciência, que pode até mesmo ser menos adaptável e mais litúrgica, permitiu ao autor desta obra refletir acerca de outras provocações, para além da democracia, que não deixou de ser observada e tratada em artigos.

A investigação científica muitas vezes tem seu ponto de partida, isto é, é disparada, por meio de *insights*, que são os pensamentos que surgem a partir de certos fatos da vida que são experimentados, que desembocam em visão súbita e clara acerca de um problema e de sua potencial resolução. Esses *insights* advêm de leitura, de conversas com amigos e familiares, de percepção própria que cada pessoa tem acerca de matérias jornalísticas ou eventos que acontecem no ambiente e na rotina de trabalho.

Além disso, um mesmo fato da vida é lido por cada pessoa de modo diferente (embora possa ser de modo igual também), a partir de focos concentradamente visuais, auditivos ou cinestésicos, como ensinam os desenvolvedores da Programação Neurolinguística (BANDLER; GRINDER, 1979, p. 25), e é daí que podem surgir as instigações e as reflexões transformadas em atividade de cariz científico.

Partindo para as instigações que motivaram este livro, diga-se, como prolegômeno, que a característica demarcadora dos tempos modernos é o desenvolvimento do cientificismo, o qual suscitou o desenvolvimento de tecnologias nas mais diversas áreas do conhecimento humano, circunstância que permitiu, a partir de novas ferramentas, ampliar o entendimento (domínio?) do homem sobre a Natureza, sobre o Universo, ou *cosmos* (tudo o que é, foi e será), para utilizar expressão cara aos filósofos.

Embora se possa falar em tecnologias desde os tempos pré-históricos, foi com a Revolução Científica que a observação do mundo e o domínio sobre a natureza tomaram proporções aptas a modificar completamente a vida das pessoas, a começar pela constatação de que *não eram bem os corpos celestes que faziam corte àquela que era considerada o centro do Universo, a Terra* (BLAINEY, 2015, p. 213).

O direito também é tecnologia, por desenvolver novas ferramentas que ampliam o entendimento do *cosmos* e a intervenção do Homem sobre ele. E, enquanto se reveste de tecnologia, está em constante aprimoramento.

O direito voltado ao desempenho do processo judicial, por meio de seus estudiosos, pensadores e entusiastas, é técnica que foi sendo aprimorada ao longo dos séculos.

Com o florescimento das cidades, com a intensificação das trocas comerciais, com o iluminismo, com as universidades, o direito acompanhou essa dinâmica, por meio da constituição de sistemas mais adequados e mais complexos (VAN CAENEGEM, 2000, p. 153) frente àqueles vertidos em tempos do direito romano, embora tenha sido este resgatado e recepcionado na era moderna, juntamente com os conhecimentos e tradições do direito canônico (WIEACKER, 1980, p. 67-77; 129-161).

A complexidade do sistema se exprime não apenas na existência de um numeroso rol de possibilidades procedimentais e na proclamação moderna de direitos fundamentais advindos de questões processuais (ônus da prova, contraditório, juiz natural e competente, presunção de inocência, entre muitos outros situados nas cartas constitucionais e nas leis processuais em geral), mas também – e sobretudo – pelo desenvolvimento de estruturas judiciárias amplíssimas, que demandaram nos países a instalação de um plexo de Tribunais, tudo em decorrência da conformação de recursos e possibilidades de insurgência pelas partes que se controvertem e almejam, ao final, ver com quem está a razão, por intermédio da palavra de uma autoridade julgadora (dotada de poder para dar a palavra derradeira).

Como dito, tudo advém do aprimoramento da tecnologia, que, no caso, é a técnica processual, desde os primeiros passos de um processo judicial, até as soluções finais advindas de Tribunais de Revisão, Tribunais de Cassação, como é o caso da estrutura judiciária brasileira, que comporta os juízes (que não podem ser rotulados desavisadamente de Primeira Instância, porque os demais Tribunais também podem funcionar nesse caráter), os Tribunais de Justiça, as Cortes Superiores e o Supremo Tribunal Federal, além de outros sistemas que orbitam segundo regras próprias, como os Juizados Especiais.

Um aspecto fundamental a ser, para logo, ressaltado nesse contexto é que o sistema processual-judiciário estrutura-se num certo paradoxo: ao mesmo tempo em que concede oportunidades de revisão das decisões anteriormente decididas (abre as portas para viabilizar insatisfações e inconformações), é também marcadamente oclusivo, isto é, fechas as portas para aquelas situações que não venham a atender a mínimos requisitos para serem apreciados.

É um regime de estabelece *acesso* ao mesmo ritmo em que também o *limita*.

Num rápido paralelo com os sentidos humanos, funcionam como espécie de *pupila*: ao mesmo tempo em que permite a visão do mundo, a este se fecha, impedindo que se veja o quão claro, na realidade, é o dia (o que é logo perceptível a cada pessoa quando, ao fazer exames oftalmológicos, pingam-se as gotas para dilatação do órgão).

Pois é na reflexão dos temas e técnicas processuais que se desenvolve esta obra.

Nesse contexto, como bem se espera de reflexões científicas e filosóficas, a investigação parte duma *inquietação* do observador.

Principia-se a exposição do método da vertente pesquisa com o relato da inquietação deste autor quanto a certa prática – que tem sido multiplamente repetida – no trâmite de recursos entre Tribunais locais (Estaduais e Federais) e o Superior Tribunal de Justiça - STJ, mas que permite um olhar crítico no âmbito juízo de admissibilidade dos Recursos Especiais, providência que cabe à Presidência de cada qual dos Tribunais de origem.

A linhagem crítica está, portanto, no juízo de admissibilidade.

Depois de tomar contato, no cotidiano de trabalho, com mais de 10 mil decisões de admissibilidade de Recurso Especial, envolvendo processos minutados e não minutados, surgiu ao autor a seguinte inquietação: há os Recursos Especiais que aportam no Superior Tribunal de Justiça com as seguintes situações: pedido de majoração/minoração da sanção de improbidade administrativa; pedido de majoração/minoração de verba honorária de Advogado; pedido de majoração/minoração do valor fixado em indenização por dano moral.

Nesse cenário, é postulado pelo recorrente um balanceamento do *quantum*, a partir de uma análise casualística de proporcionalidade e razoabilidade.

Tradicionalmente, a Corte Superior tem aplicado, a tais pretensões, o enunciado 7 de suas Súmulas, que assinala: *a pretensão de simples reexame de prova não enseja recurso especial*. A bem da verdade, antes mesmo de o Tribunal Superior efetuar a aplicação do referido obstáculo processual, o juízo de admissibilidade adveniente dos Tribunais de origem, como frequentemente ocorre, já se encarregou de predispor o caso a essa solução (Súmula 7/STJ) e a espécie só alcança a instância especial por força e obra de recurso que a parte insurgente lança mão, qual seja, o Agravo nos Próprios Autos (antigo Agravo de Instrumento).

No caso da pretensão de minoração de sanção por improbidade, um julgado pode ser lançado como exemplo:

> *É possível a cumulação das sanções previstas no art. 12 da Lei 8.429/92, cabendo a magistrado a dosimetria,* ***que não pode ser revista por esta Corte em sede de recurso especial ante o óbice da Súmula 7/STJ*** (REsp 1.021.851/SP, Rel. Ministra ELIANA CALMON, Segunda Turma, DJe 28.11.2008, grifo nosso).

Contudo, ao longo do tempo – e a partir da tarefa de interpretação do direito federal infraconstitucional –, essa Corte Superior passou a conferir fundamentação adicional para esse tema da *dosimetria das reprimendas*. Outro exemplo é ilustrativo dessa nova fundamentação:

> *Quanto à dosimetria das penas, a jurisprudência desta Corte é uníssona no sentido de que a revisão da dosimetria das sanções aplicadas em ações de improbidade administrativa implica reexame do conjunto fático-probatório dos autos, o que esbarra no enunciado n. 7 da Súmula do STJ,* ***salvo em hipóteses excepcionais, nas quais, da leitura do acórdão recorrido, exsurgir a desproporcionalidade entre o ato praticado e as sanções aplicadas, o que não é o caso*** (AgInt na TutPrv no REsp 1.624.020/MA, Rel. Ministro FRANCISCO FALCÃO, Segunda Turma, DJe 28.08.2017, grifo nosso).

Nessa observação, houve o desenvolvimento, ao longo dos anos, de uma competência dessa Corte Superior, qual seja, a de realizar a aferição de situação de desproporcionalidade, que aqui pode ser intitulado *juízo de excepcionalidade*[1].

Ocorre nas situações em que, superando a Súmula 7/STJ – ou, considerando-a inaplicável, dir-se-á em melhor técnica –, a Corte realiza, por aplicação de razoabilidade/proporcionalidade, a alteração do *quantum* em casos como de dosimetria das sanções por improbidade, honorários advocatícios, indenização por dano moral.

O problema de pesquisa surge quando se tem, por um lado, o *juízo de excepcionalidade*, que é invocado pela parte insurgente

1. Até o presente momento e sem embargo de incessantes pesquisas, não se computa autor ou obra que tenha usado como referente – para usar expressão cara a Saul Kripke –, o termo juízo de excepcionalidade como designativo das situações em que a Corte Superior, com base no represamento de fatos e provas constante do caderno processual, efetua alteração no *quantum* fixado ao caráter de sanção por improbidade/indenização por dano moral/verba honorária de Advogado, por constatar que há excesso ou carência no importe, valendo-se de postulados de proporcionalidade/razoabilidade. É frequente ver, lado outro, a expressão *juízo de equidade*, que, em realidade, não transmite noção alguma de que se trata de hipóteses restritas e especialíssimas. Na verdade, *juízo de equidade* pode até mesmo transmitir certa contradição nos termos, pois qual é o juízo que, nem que seja em mínima medida, não deve se forrar em equidade?

no Recurso Especial, e o posterior *juízo negativo de admissibilidade*, circunstância em que a parte é obrigada a apresentar recurso de Agravo, para forçar o envio do caso ao Superior Tribunal de Justiça.

Frequentemente – e numa tentativa de barrar o acesso às Cortes Superiores –, as Instâncias Ordinárias, no juízo de admissibilidade, optam por obstar o processamento do Recurso Especial, ao fundamento de suposta pretensão de reexame de fatos e provas em sede de Recurso Especial.

O autor deste estudo passou a verificar, portanto, que o Superior Tribunal de Justiça procedia, em não raras situações, ao sopesamento, à análise tópica, ao balanceamento do *quantum* oriundo das Cortes de origem. E tudo isso se procede no Recurso Especial, naquele que é tradicionalmente conhecido como *recurso que só analisa teses de direito*, que *está destinado à unificação do direito federal*.

Apesar dessa evolução no pensamento (refere-se à revisão de *quantum*, o chamado juízo de excepcionalidade), o juízo de admissibilidade mantém-se numa espécie de mente naufragada (LILLA, 2016, xvi) de que as pretensões com essa feição voltam-se à reexame de prova em recorribilidade especial, hipótese de aplicação da Súmula 7/STJ.

Esse tópico da passagem da recorribilidade ordinária para a recorribilidade especial instigou o autor deste livro, razão pela qual o escolheu como objeto de estudo.

O problema de pesquisa, nessa esfera, é o seguinte: se a parte argumenta que o seu caso se enquadra na incidência do juízo de excepcionalidade, em que medida o juízo de admissibilidade pode ser exercido?

Noutras palavras, de que modo a pretensão recursal da parte que invoca situação apta a recomendar a proporcionalidade – das sanções por improbidade ou valores de honorários advocatícios ou de indenização – está suscetível de receber o óbice da Súmula 7/STJ pela Presidência da Corte de origem? Em que sentido a aplicação da referida súmula obstativa do trâmite recursal, oclusiva das oportunidades de acesso à Instância Extraordinária, é compatível com o pedido de reanálise ancorado em excepcionalidade, exceção esta que pode ou não existir, a depender da ótica da autoridade judiciária?

A hipótese, nesse descortinar, é a seguinte: quanto mais se firma a competência do Superior Tribunal de Justiça para proclamar, nos diversos casos concretos que enfrenta, uma situação de excepcionalidade para o pedido de revisão da dosimetria das sanções por improbidade, ou do valor de honorários advocatícios, ou do importe fixado em indenização por dano moral, menos se permite o juízo negativo de admissibilidade do Recurso Especial, pois, a partir das noções de competência e contingência filosófica, parece que mais se determina sejam os autos encaminhados à imediata apreciação do Ministro Relator na instância de destino, a quem caberá (competência) avaliar (juízo de excepcionalidade) se é caso ou não (contingência, mundo possível) de alteração dos parâmetros estabelecidos pela Corte de origem.

A contingência tornaria inafastável a manifestação acerca da possível exceção, uma vez provocada pela parte no Apelo Especial.

Como marco teórico, será necessário descortinar os conceitos de juízo de admissibilidade do Recurso Especial (verificação das condições de análise do recurso pela Corte de origem), assim como a noção de juízo de excepcionalidade (dizer se as sanções ou valores fixados são proporcionais/razoáveis), termo que é criado neste trabalho, como forma de classificar para permitir o estudo.

É preciso lançar mão das noções de razoabilidade e proporcionalidade, expressões que integram o discurso tanto daqueles que suplicam a minoração de castigos por improbidade ou o aumento do importe de honorários advocatícios, quanto daqueles que aplicam a exceção ao lugar comum de que a pretensão demanda a reanálise de provas em sede extraordinária (Súmula 7/STJ).

Um conceito da filosofia (lógica) é trazido ao cenário de análise, que é a contingência filosófica, significando algo que pode ou não acontecer, isto é, que é possível, embora não seja necessário. Nas palavras de Franz Josef Brüseke, Professor da Universidade Federal de Santa Catarina, *eu posso perguntar por que um observador observa exatamente esta e não uma outra coisa. Assim a observação observada torna-se contingente, pois ela é o que é, mas poderia ser uma outra* (2002, p. 286).

A competência é a medida do exercício do poder conferido à autoridade, que, pelas regras previamente estabelecidas, só pode ser por esta exercido: no problema levantado, a autoridade competente para o juízo de excepcionalidade é o Superior Tribunal de Justiça, que, por interpretar o direito federal infraconstitucional, passou a exprimir a proporcionalidade em matéria de dosimetria das sanções, valor de indenização por dano moral e importe de honorários advocatícios.

Somente se pode saber se é o caso de se exercer o juízo de excepcionalidade – ou não – se o caso concreto alcançar a esfera de apreciação da Corte Superior. Como saber se é caso ou não? – é a filosofia da contingência em cena. Se o recurso é obstado pelo Tribunal de origem, já no pórtico do juízo de admissibilidade, por razões limitadamente processuais, como saber se aquele teria sido situação excepcional motivadora de alterações do quanto decidido? A contingência é o marco teórico dessa inquietação entre os juízos de excepcionalidade e de admissibilidade.

Ocorre que é possível vislumbrar o *princípio da contingência filosófica* (algo que pode ou não ocorrer, distinguindo-se das coisas que são necessárias), de modo que, ao desenvolver a possibilidade de ser exercido um juízo de excepcionalidade (competência que a Corte Superior criou para si), parece obliterado o juízo de admissibilidade.

É de crucial registro que, nalguns casos, o juízo de admissibilidade se limita a aplicar a Súmula 7/STJ para a pretensão recursal de revisão dosimétrica. Noutros, vê-se que a Corte de origem procede a uma espécie de adiantamento do juízo de excepcionalidade, como se Corte Superior fosse. O objetivo da obra é lançar um olhar sobre essas observações de segunda ordem, isto é, é *uma observação da observação*, circunstância a partir da qual se permite extrair as conclusões firmadas em contingência filosófica.

A metodologia do trabalho é a realização de pesquisa documental, com estudo de caso de decisões judiciais e trâmites de processos já julgados nos quais se observou a prática dos referidos juízos. Haverá análise de conteúdo, de modo a se obter uma tipologia dos procedimentos adotados. São utilizados dados estatísticos extraídos de fontes primárias (banco de dados do Superior Tribunal de Justiça, por meio de suas Secretaria Judiciária e Secretaria de Tecnologia da Informação), que, compilados e interpretados, permitem efetuar leitura da movimentação de processos com o perfil que interessa ao estudo (Agravos em Recursos Especiais que tratam dos temas de revisão de *quantum* em improbidade administrativa/indenização por dano moral/honorários advocatícios).

Portanto, o tema é a dinâmica dos juízos de admissibilidade e de excepcionalidade com os pontos de partida da competência jurisdicional e da filosofia da contingência.

Noutras palavras, parece que, se se partir do referencial filosófico da contingência, a Corte de origem não teria nada a dizer a respeito da admissibilidade quando postulado pelo recorrente o juízo de excepcionalidade: os autos devem ser remetidos ao Relator no Superior Tribunal de Justiça, único competente a dizer se é caso ou não de alterar o que foi decidido pelo acórdão naquelas três situações (dosimetria em improbidade/honorários/dano moral).

A presente pesquisa é um pano de fundo para estudar o tópico *acessibilidade às Cortes Superiores*, em um contexto das reflexões em sede de direito constitucional. A perspectiva advém da concepção que há um *homem que clama* e que deseja uma resposta.

No âmbito do direito constitucional, pretende-se discutir como, de modo até mesmo inconsciente, a chamada *jurisprudência defensiva* termina por praticar violação o princípio da inafastabilidade da jurisdição.

Não se pode olvidar também que o tema da admissibilidade dos recursos de jaez extraordinária se reveste de sobrelevada atualidade, notadamente pela dinâmica legislativa que se operou no período entre as codificações processuais de 1973 e de 2015, em que, num primeiro momento, o aludido exame admissional fora abolido (os Recursos Especiais seriam remetidos da diretamente da Corte de origem para a de destino).

No entanto, por temor de *avalanche de recursos*, de *aumento abrupto de carga de trabalho frente a recursos manifestamente inadmissíveis*[2], o chamado duplo juízo de admissibilidade foi restaurado e por lei federal posterior (Lei 13.256/2016), poucos meses após a entrada em vigência do novo Código de Processo Civil.

---

2. https://www.conjur.com.br/2015-jul-14/stj-restabelecer-regras-admissibilidade-cpc , acesso em 1º de fevereiro de 2018.

Uma das perguntas subjacentes ao livro é: haveria possibilidade de se obliterar, nalgumas situações bem demarcadas, o juízo de admissibilidade do Recurso Especial, sem que seja necessário proclamar a sua abolição como texto normativo? Noutras palavras, será que todas as situações enfrentadas nos autos comportam a subsunção da regra processual de que o Recurso Especial deve passar previamente por um juízo de admissibilidade?

Assim, postula-se que o juízo de admissibilidade pode continuar a exercer o seu papel de conter a recorribilidade, aplicando a Súmula 7/STJ aos casos em que se brande a alteração do *quantum* naquelas situações. Mas pode também, conscientemente – e sob o marco teórico da contingência filosófica –, dizer *aqui nada se pode dizer a respeito; remetam-se os autos ao juízo competente.*

Embora seja útil, válido, eficaz, oportuno e conveniente como ferramenta de análise da adequação formal, estaria o juízo de admissibilidade sujeito a críticas que não se limitam à concepção meramente binária em dizer *se ele deve ou não existir*?

Uma vertente de estudo se situaria também no que se pode chamar de *identidade* da Corte Superior. Essas dinâmicas de abertura/oclusão da admissibilidade do Recurso Especial, associada a juízo de excepcionalidade/proclamação de revisão de fatos e provas em sede extraordinária, para além de retomar o tópico da acessibilidade, dizem respeito também à promessa constitucional ao Superior Tribunal de Justiça.

Noutras palavras, estaria a Corte devotada a chancelar os julgamentos dos Tribunais de origem, ao afirmar que a pretensão de Recurso Especial se amolda ao enunciado de Súmula 7/STJ? Estaria aí a sua vocação para grande parcela[3] de seus casos, que são julgados

3. Segundo o *Relatório Estatístico* divulgado anualmente pelo Superior Tribunal de Justiça, por intermédio de sua Assessoria de Gestão Estratégica – AMG, dos quase 490 mil processos julgados em 2017, 393 mil advém de decisão monocrática, dos quais aproximadamente 204 mil estão concentrados na classe processual Agravo em Recurso Especial – AREsp. Destes 393 mil casos apreciados monocraticamente, por volta de 182 mil feitos foram julgados com o desfecho *não conhecido* ou *negado provimento*, que representa 46% (quarenta e seis por cento) da prestação jurisdicional vertida em simples obstar do prosseguimento da insurgência por decisão unipessoal. O Relatório Estatístico não conta com indicação bibliográfica, tratando-se

monocraticamente? Ou enfrentaria amiudemente casos concretos para sopesar o *quantum* adveniente das Cortes predecessoras, correndo o risco de ser taxada de *Terceira Instância de Jurisdição*?

Então, para utilizar expressão cara à filosofia, que *mundos possíveis* podem ser visualizados a esse Tribunal?

De certo modo, a pretensão de serem discutidos temas em democracia – aquele desejado anseio inicial de pesquisa – não se arreda deste estudo, pois estarão em evidência aspectos como os limites do exercício do poder de dizer o direito, além do próprio e caro tópico do *devido processo legal*, com especial enfoque neste que é o ambiente em que, diferentemente do *jogo da política* (foco primordialmente nas maiorias prevalecentes), traz como característica, por excelência, a atenção de uma autoridade imparcial, que permite que se possa fazer valer os próprios argumentos a partir de um total balanço dos argumentos, sendo, com isso, precisa e equitativamente definidas as *responsabilidades de cada um* (foco na pretensão, no direito subjetivo, no individual), reduzindo-se as incertezas.

Esses seriam os atributos da Justiça pelos quais todos são irresistivelmente levados a recorrer a ela, consoante as lições do Professor de direito público francês Jacques Chevallier (CHEVALLIER, 2009, p. 133).

A propósito, outra pretensão desta obra está cifrada na tentativa de se promover, neste estudo, filosofia aplicada.

Nesse afã de trazer a lume temas em filosofia, é interessante mencionar que a narrativa fundada em explicações repletas de intervenções de seres superiores e de forças misteriosas, fantásticas e imponentes pode ser qualificada como *mitológica*, constituindo importante forma de pensamento humano, especialmente quando se está a abordar o surgimento do Universo.

Não se trata, de modo algum, de forma arcaica, antiga, ineficiente ou ultrapassada. É, apenas, uma maneira de exteriorizar a cosmogonia (gênese do Universo), com abrangência própria de cada

apenas de divulgação eletrônica à comunidade jurídica, disponível na página eletrônica do Tribunal, conforme o endereço http://www.stj.jus.br/webstj/Processo/Boletim/?vPortalAreaPai=183&vPortalArea=584, acesso em 1º de fevereiro de 2018.

civilização ou cultura. O que parece ser comum a todos os povos é a ocorrência de constante inquietação para perguntas como *quem* somos, *de onde viemos, para onde vamos.*

O mito – nesse incessante desejo por conferir explicação para o surgimento e a existência do Universo – consubstancia o instrumento utilizado por sábios e pensadores das mais diferentes culturas, no afã de oferecer resposta às questões que permeiam a origem de tudo, do cosmos.

Referidas narrações aplacam a inquietação, conferem identidade, proporcionam conforto o homem para situações como a morte, as dores, doenças e sofrimentos, as forças da natureza, ao fluxo do tempo, as relações sociais. A mitologia, ao mesmo tempo em que identifica o homem no mundo, o conduz a uma maneira de pensar quanto ao *inefável*, isto é, aquilo que transmite *imenso prazer e encantamento em virtude de sua beleza*.

Sabe-se que uma forma distinta de explicar o surgimento do Universo advém de pensadores radicados na Grécia Antiga, que, a partir de uma manifestação caracterizada pelo *espanto* ou *admiração*, ou reconhecimento de que estão diante de um vasto conhecimento a ser adquirido, não se contentaram com as puras poesias e mitos (HIRSCHBERGER, 1969, p. 32-33).

Em vez do conforto trazido pelas lições e narrativas bem concatenadas das poesias mitológicas, a postura dos pensadores, especialmente aqueles primeiros pais da Filosofia, como Tales de Mileto, Parmênides de Eleia, Protágoras de Abdera, Heráclito de Éfeso, Platão, Aristóteles, entre muitos outros, desenvolveram maneira de enxergar as coisas do mundo a partir da sistematização do pensamento, da racionalização e da produção do discurso lógico, de modo que, na verdade, o efeito é totalmente contrário ao mito: já não se quer o conforto e o aplacamento suscitado pelo mito.

Quanto mais são produzidas questões e possíveis respostas às indagações, mais se reconhece a necessidade de aprofundar-se o conhecimento (*só sei que nada sei* de Sócrates), de modo que muito aumentam a inquietação, o espanto, o deslumbramento, a curiosidade.

Por isso é que, não necessariamente de modo intencional ou com a pretensão de demonstrar desprezo, a Filosofia foi prestigiando explicações calcadas em aspetos analíticos do cosmos e da realidade circundante, ainda que atreladas a elementos transcendentais (como a própria criação do mundo, ao que basta tomar de empréstimo as *vias de Parmênides*, que muito antecederam a explicação de Santo Tomás de Aquino). As puras narrativas de seres fantásticos foram colocadas em plano separado (jamais se pode dizer abandonadas).

Essa é, portanto, a transformação da Filosofia: não fornece tranquilidade, identificação e conforto; ao contrário, a partir da admiração do mundo, é inquietante, perspicaz, questionadora, crítica voraz, indagadora de tudo e de todos. *O objetivo é conhecer e desvendar, para, então, desejar-se mais conhecimento.*

Há nota final de introdução. É certo que a tese vertida no estudo pode parecer excêntrica e ser duramente criticada pelas seguintes circunstâncias (na ordem do mais forte argumento crítico para o mais fraco): (a) *a Presidência do Tribunal de origem faz as vezes de Corte Superior*; (b) *o juízo de admissibilidade da Corte de origem é apenas provisório*; (c) *a parte não fica impedida de recorrer, de protocolar um Agravo.*

É verdade que o trabalho muito é ousado em sua pretensão: estabelece-se crítica a um modelo processual recursal vigente; tenta-se desenvolver filosofia aplicada; cria-se um referente para um fenômeno jurídico observado; lança-se mão de fontes e dados estatísticos primários.

Mas as críticas, embora causem certo *receio inicial de por a pique todo o trabalho*, são respondidas ao longo do texto com os argumentos bem contrastantes que partem da autoridade do próprio direito (a competência para um juízo excepcional) e do sutil refinamento da filosofia (com a profundidade de pensamento da contingência), de modo que consubstanciam os fundamentos-pilar da hipótese lançada.

O livro conta com 4 capítulos. No Primeiro Capítulo, será analisado o conceito de contingência de acordo com alguns estudiosos do tema, especialmente filósofos, clássicos e contemporâneos. O Segundo Capítulo é dedicado ao tema da competência jurisdicional, que, ao lado da contingência, constitui uma das asas para o que parece ser um voo direto da causa rumo ao juízo de excepcionalidade perante Corte Superior. Aliás, juízo de admissibilidade e juízo de excepcionalidade são apresentados no Terceiro Capítulo, fazendo parte do que se trata de *observação observada* (ou de segunda ordem). O Quarto e último Capítulo é o amálgama de todos os temas, em que os casos concretos são analisados a partir de todas as teorias filosóficas e jurídicas.

Outra nota final de introdução: esta obra busca analisar o tema da *acessibilidade do cidadão aos Tribunais Superiores*, tópico que, sem dúvida alguma, está encartado nos estudos do Direito Constitucional, uma vez que condiz com a postulado da inafastabilidade do controle jurisdicional, categoria que está voltada às preocupações da disciplina constitucionalista. Outra classificação para esta obra residiria na *Função das Cortes Superiores*, questão encapsulada no Direito Constitucional, até porque é da Constituição Federal que vem a estrutura organizacional dos Tribunais de Cúpula e suas atribuições. Não é, portanto, um livro de Processo Civil, muito embora as categorias aqui analisadas, como o da competência, até possam tangenciar reflexões marcadamente processualistas.

1

A CONTINGÊNCIA FILOSÓFICA

Este trabalho caminha pela seguinte trilha hipotética: contingência filosófica e competência jurisdicional constituem eixos pelos quais, nas situações em que a parte suplica ao Superior Tribunal de Justiça, em Recurso Especial, o reconhecimento de situação desproporcional justificadora de alteração de *quantum* em questões como fixação de sanção por improbidade, de indenização por dano moral e de remuneração de sucumbência de Advogado, o juízo de admissibilidade parece obliterar-se diante da excepcionalidade pretendida pelo insurgente.

Acerca, primeiramente, da contingência filosófica, uma das mais famosas e prestigiadas noções desse tópico da filosofia e da lógica advém de uma das cinco vias para provar a existência de Deus escritas no Século XIII pelo frade católico São Tomás de Aquino (1225-1274).

1.1. CONTINGÊNCIA SEGUNDO SÃO TOMÁS DE AQUINO

Na Terceira Via, apresentada na *Suma Teológica* (1980), obra escrita entre os anos de 1265 a 1273, o filósofo enuncia que a prova da existência de Deus é oriunda daquilo que é *contingente* e do que é *necessário*. Certas coisas podem ser e não ser, podendo ser geradas e corrompidas. Aquilo que *pode não ser*, algum tempo *não foi*.

O que *não é* só pode começar a existir por algo já existente; do contrário, nada existiria, isto é, se todas as coisas podem *não ser*, algum tempo nenhuma existia, o que é falso por evidência.

Referida circunstância permite ver que, se é certo que nem todos os seres são contingentes, alguns são necessários, que encontram fora deles a causa de sua necessidade. Mas é impossível, contudo, proceder ao infinito nos seres necessários, isto é, que têm a causa da própria necessidade.

É forçoso admitir um *ser por si necessário*, não tendo de fora a causa da sua necessidade, sendo, antes, a causa da necessidade dos outros; e a tal ser é Deus, consoante analisa o frade. Essa é a explicação sumária da Terceira Via da prova da existência de Deus, que utiliza as noções de contingência e necessidade.

Na Suma Teológica, São Tomás de Aquino, em diversas passagens, aborda os *futuros contingentes*, para assinalar que eles podem não se realizar, do contrário se realizariam necessariamente e que *embora sejam, em si mesmos, sujeitos a uma determinação, contudo, considerados nas suas causas, não são determinados de modo tal, que não se possam realizar de outra maneira.*

O ponto acerca dos futuros contingentes desata o debate da *presciência de Deus*, isto é, do conhecer antecipadamente sobre as coisas futuras, chegando a ser indagado pelos filósofos de matriz cristã como poderia haver o *livre arbítrio* do Homem se Deus – sabendo e prevendo que o homem irá cometer uma falta – torna algo tão necessariamente inevitável de ocorrer?

O que é de crucial importância nessa via da prova de Deus é que a contingência para logo remete à ideia de que os seres possuem a sua existência por meio de geração (algo os faz gerar) e irão, nalgum momento, se corromper, deixando, portanto, de existir. A contingência, portanto, estreita-se com a ideia de duração limitada, isto é, *há um começo*, representativo de existência, e *um término*, consubstanciador da não existência.

Com isso, reforça-se a concepção de algo que é *mutável*; noutras palavras, tem potência para *ser qualquer outra coisa* a partir de sua matéria, isto é, ter outras formas, à mesma proporção em que pode ou não existir.

Outra asserção importante é que aquilo que é contingente *tem algo que lhe é prévio*, ou seja, *que o criou.*

Portanto, a *noção de contingência*, em São Tomás de Aquino, transmite as compreensões de previalidade, mutabilidade, potencialidade, corruptibilidade (e, portanto, temporalidade).

1.2. CONTINGÊNCIA SEGUNDO JOÃO DUNS SCOTUS

Em continuidade a outras acepções, Roberto de Sousa Silva, em dissertação de mestrado apresentada ao Departamento de Filosofia da Universidade de São Paulo, analisa o pensamento do teólogo franciscano João Duns Scotus (1266-1308).

Aponta que, no pensamento de Duns Scotus, a contingência do mundo físico não exclui a existência de Deus; *pelo contrário, o mundo físico poderia nunca ter existido ou mesmo ser de tantas outras formas quantas forem possíveis* (2014, p. 27). Das incontáveis possibilidades de criação, o mundo é, da perspectiva divina, contingente, pois ele [o mundo] foi criado *assim* e não de uma maneira *diferente* – ou poderia não ter sido criado, consoante aludiu Duns Scotus.

Ao tratar das noções de contingência analisadas por João Duns Scotus e a sua obra *Ordinatio*, Roberto Silva traz a assertiva do franciscano segundo a qual *contingente é aquilo cujo oposto poderia ocorrer no momento em que aquilo ocorre*, afirmação esta que permite visualizar a contingência com muita clareza. Convém citar o trecho do estudo sobre o teólogo franciscano:

> *Para Scotus,* ***contingente é "aquilo cujo oposto poderia ocorrer no momento em que aquilo ocorre".*** *Deus, ao criar o mundo poderia não ter causado. Em outras palavras a causa primeira eficiente causa contingentemente, poderia não causar. Contingente não é, para o Doutor Sútil, o oposto do sempiterno, mas* ***algo que se dá ao mesmo tempo em que o seu contrário poderia ocorrer****. Por exemplo, eu escolho estudar no momento em que eu poderia estar em outra atividade, ou seja, eu poderia escolher não estudar. Ou então, está chovendo lá fora, mas poderia não estar chovendo, poderia estar sol, mas ocorre o contrário. Logo, estudar ou não estudar, chover ou fazer sol, são fatos contingen-*

> *tes. O oposto poderia ocorrer no momento em que aquilo ocorre. Portanto, se algo é causado contingentemente, quer dizer que a Primeira causa poderia não causar, ou seja, algo que não existia passou a existir, mas poderia não ter existido e mesmo poderá deixar de existir* (2014, p. 53-54, grifado).

1.3. CONTINGÊNCIA SEGUNDO GOTTFRIED WILHELM LEIBNIZ

Por sua vez, o filósofo Gottfried Wilhelm Leibniz (1646-1716) levanta, à semelhança de Duns Scotus, os seguintes questionamentos: *Por que há algo e não nada? Como o mal pode ser possível, se Deus faz sempre para o melhor? Como conciliar a imperfeição que representa o mal com a perfeição de Deus?*

Carole Maigné, Professora de Filosofia da Universidade de Lausanne, em capítulo sobre a vida e trabalho do pensador constante da obra *História da Filosofia*, de Jean-François Pradeau (2012), relata que há pensamento sistemático no filósofo de Leipzig, especialmente em referência às Mônadas, segundo as quais *cada porção da matéria pode ser concebida como um jardim cheio de plantas e como um lago cheio de peixes. Mas, cada ramo da planta, cada membro do animal, cada gota de seus humores é ainda um jardim ou um lago* (PRADEAU, 2012, p. 271).

A Natureza, portanto, é um sistema dotado de harmonia preestabelecida, e, graças a Deus, o mundo é o melhor dos mundos possíveis; o homem é convidado a se realizar plenamente nele.

Carole Maigné explica o pensamento do filósofo de que, se Deus quer *a priori* o melhor, resta o fato de que *a criação do mundo induz a uma escolha entre os compossíveis* (PRADEAU, 2012, p. 278). Afirma a autora, em seu artigo, que o mal é condição *sine qua non* da existência do mundo, isto é, *nosso mundo não seria o nosso mundo sem ele, mas ele não é um decreto de Deus, Ele não o quis, mas o permitiu. Isso implica que tudo já esteja escrito, como se tivéssemos de seguir a ordem as coisas sem tentar nada?* (p. 279) – indaga a autora acerca do pensamento do filósofo das Mônadas.

Nessa ordem de raciocínio, o pensamento de Leibniz traz ao cenário a *contingência*: se ela é o que oferece um espaço para a atividade humana. Elucida Carole Maigné que os *futuros contingentes*, isto é, saber se os acontecimentos futuros se produzirão ou não, não implicam fatalidade, pois a ocorrência dos contrários não implica contradição.

De qualquer modo, para Leibniz, o contingente não existe sem razão, porque sempre há causa determinante, isto é, algo que possa servir para dar razão *a priori*, isto é, explicar porque algo é *existente* e não *não existente*, porque é *de um modo* e não *de outro*.

Importante dizer que, segundo Leibniz, o contingente só se explica a contrapelo, isto é, tão logo se torne efetivo.

Apesar de o homem estar sujeito a ideias inadequadas que provêm duma infinidade de percepções confusamente sentidas, está *livre para operar escolhas para os quais será responsável*. A raiz da liberdade – diz Carole Maigné:

> *(...) está na infinitude da criação, ou melhor, na continuidade, que não cessamos de encontrar entre a ordem do mundo e as transcendência. Temos em nós uma marca daquele nos criou à sua imagem, embora não possamos evidentemente a ele nos igualar. Essa marca é simultaneamente uma incitação ao bem e um dever a cumprir; é aí que reside nossa salvação. É importante compreender que jamais a liberdade estará no excesso, na ruptura com a ordem do mundo, pois isso só por milagres, que somente Deus pode se permitir. Ela reside na apreensão das leis metafísicas e físicas, na medida de nossa imperfeição; ela não está, portanto, alhures, mas nesse universo bem "unificado" que Leibniz celebra* (PRADEAU, 2012, p. 280).

1.4. CONTINGÊNCIA EM CONTRASTE COM EXPRESSÕES DA LÓGICA MODAL

Noutra vertente, a filosofia ensina que *alético* é característico daquilo que *diz respeito à verdade* (do grego ἀλήθεια, *alêtheia*, verdade). Uma verdade pode ser *possível*, *necessária* ou *contingente*.

São modos de verdade ou modalidades de verdade. *As modalidades aléticas, por vezes também conhecidas como metafísicas, contrastam com as modalidades epistémicas, como o a priori, e com as modalidades semânticas, como o analítico* (BRANQUINHO; MURCHO, GOMES, 2005, p. 40).

Por isso é que o estudo dessas questões se atrela a um ramo da lógica chamado lógica modal. Conforme leciona Desidério Murcho (2002), há *modalidades epistêmicas* (conhecimento, crença, dúvida, *a priori*, *a posteriori*), *modalidades temporais* (presente, passado, futuro), *modalidades deônticas* (obrigação, permissão), *modalidades aléticas* (necessidade, possibilidade, contingência).

Uma verdade é necessária quando não poderia ser falsa. Uma verdade é contingente quando poderia ter sido falsa. Uma verdade é possível quando há pelo menos uma circunstância em que é verdadeira.

Intuitivamente, *contingente é o que é possível e cuja negação também é possível*; necessário é aquilo que é verdadeiro e não poderia ser falso. Em outras palavras, é aquilo que é verdadeiro e não é contingente (COSCARELLI, 2008, p. 19).

Hilton Japiassú e Danilo Marcondes (2001, p. 42), citando pensamento de Jean-Paul Sartre, conferem definição para contingência e para *facticidade* (que traz a lume algumas noções aproximadas à contingência, como a acepção de que a existência pressupõe um princípio que não encontra em si mesmo). Além disso, apontam, nesse contexto, a afirmação de Deus-necessário e Mundo-Ser Humano-contingente:

> ***contingência*** *(lat. tardio contingentia: acaso) I. Caráter de tudo aquilo que é concebido como podendo ser ou não ser, ou ser algo diferente do que é.*
>
> *2. Na filosofia existencialista, caráter daquilo que não possui, em si mesmo, sua própria razão de ser: "o ser é sem razão. Sem causa e sem necessidade; a própria definição do ser nos dá sua contingência original" (Sartre).*
>
> *3. Acontecimento do qual não podemos reduzir o aparecimento a um feixe de causalidades; é um acontecimento (como uma emergência) de ocorrência possível mas incerta.*

> *4. Assim como Deus é o necessário, porque é a causa de sua existência, o homem é um ser contingente. E essa contingência pode estender-se a todo elemento do mundo real,* ***pois nada neste mundo possui seu princípio de existência em si mesmo****: "O essencial é a contingência. Quero dizer que, por definição, a existência não é necessária. Existir é ser-aí, simplesmente; os existentes aparecem, se deixam encontrar, mas não podemos jamais deduzi-los" (Sartre)* (2001, p. 42).
>
> ***facticidade*** *(da lat. factitius: artificial) Noção introduzida pela fenomenologia contemporânea, notadamente por Sartre, para designar a determinação sob a qual é apreendida a existência humana, impossível de ser fundada segundo o princípio da "razão suficiente". Em outras palavras, entre os fenomenólogos,* ***a facticidade designa aquilo que não é necessário, mas que simplesmente é****. Em Sartre, o termo designa aquilo que pertence à ordem do fato, sem necessidade nem razão, presença absurda e constatada: "Minha facticidade, quer dizer, o fato de que as coisas estão aí, simplesmente como são, sem necessidade nem possibilidade de ser de outra forma." Assim, minha consciência é chamada a apreender-se a si mesma como um simples "fato" (daí o nome facticidade),* ***fato anterior e irredutível a toda ideia de necessidade: ela é, em sua contingência, absurda, e as coisas estão aí sem necessidade, e eu entre elas*** (2001, p. 73, grifado).

Para o matemático Bruno Coscarelli, Aristóteles teria mesclado o conceito de possibilidade e de contingência. Segundo ele, o que é axial na noção de contingência é que *algo é possível e a sua negação também é possível* (A e não-A são possíveis), sendo – diz-se aqui, neste estudo – conceito que transmite lembrança imediata à noção de Duns Scotus (*contingente é aquilo cujo oposto poderia ocorrer no momento em que ocorre*). A *possibilidade* de algo, ou seja, o fato de algo ser possível, contrariamente e por sua vez, não implica a *possibilidade de sua negação*. Note-se:

> *Vamos levantar um ponto: Na sua discussão sobre necessidade, impossibilidade e possibilidade, os conceitos de possibilidade e contingência ficaram misturados.* ***Dizer que algo é contingente é o mesmo que dizer que aquele algo é possível e que a negação***

> ***daquele algo é possível também.*** *No entanto, a possibilidade de algo não implica a possibilidade da sua negação.*
>
> *Em outras palavras, "A é contingente" significa "A é possível e não A é possível". Aristóteles usa uma mesma palavra para as duas noções e isso leva a confusões* (COSCARELLI, 2008, p. 10, grifado).

Laurence Bonjour e Ann Baker, filósofos estadunidenses, dão ênfase à expressão das proposições, sendo certo algumas delas, tais como as oriundas da matemática, são tendencialmente necessárias, ao passo que proposições dos *acontecimentos da vida* – e isso lembra a definição de Branquinho – são verdades contingentes (se é que, neste mundo, são verdadeiras). Apresentam a seguinte acepção de contingência:

> *Algumas proposições – nisso a maioria dos filósofos está em concordância – são logicamente ou metafisicamente necessárias: verdadeiras em qualquer mundo ou situação que é logicamente ou metafisicamente possível, ao passo que outras são logicamente ou metafisicamente contingentes, isto é, verdadeiras em alguns mundos logicamente ou metafisicamente possíveis, e não em outros. Assim, por exemplo, proposições da lógica e da matemática são normalmente tidas como sendo necessárias nesse sentido, ao passo que a maioria das proposições sobre as coisas e os acontecimentos no mundo material são contingentes – verdades contingentes, se elas são de fato verdadeiras no mundo atual* (BONJOUR; BAKER, 2010, p. 71).

Outra definição reveladora de Bonjour e Baker advém da concepção de necessidade, causal ou nomológica. Trata-se – dizem os autores – de *uma classe de necessidade (e de contingência) mais fraca do que a necessidade lógica ou metafísica (...) que resulta das leis da natureza, ao invés de resultar das leis da lógica e da metafísica* (BONJOUR; BAKER, 2010, p. 769). O referencial em saber se a proposição é contingente ou necessária é, portanto, a alterabilidade (ou não) das leis da natureza. Note-se:

> *Uma proposição é causal ou nomologicamente necessária se ela não poderia ter falhado em ser verdadeira sem alterar as leis atuais da natureza que governam o mundo e, assim, é verdadeira*

em qualquer mundo possível que obedece àquelas mesmas leis da natureza; enquanto uma proposição é causal ou nomologicamente contingente se tanto a sua verdade quanto a sua falsidade são compatíveis com as leis atuais da natureza (e assim, se ela é verdadeira em alguns mundos possíveis que obedecem àquelas leis da natureza e falsa em outros). Os mesmos termos são também aplicados aos eventos descritos por tais proposições. Por exemplo, a proposição a atração gravitacional entre dois corpos varia de acordo com o quadrado da distância entre eles é causal ou nomologicamente necessária (mas não é lógica ou metafisicamente necessária, dado que existem mundos possíveis com diferentes leis de gravitação).

Ao passo que muitas alegações ordinárias sobre o mundo (não está chovendo hoje; há pinheiros no estado de Washington, o ouro é mais caro do que o chumbo, etc.) são contingentes tanto no sentido causal ou nomológico quanto no sentido lógico ou metafísico. (Qualquer coisa que é lógica ou metafisicamente necessária é também causal ou nomologicamente necessária: se não há nenhum mundo possível no qual ela é falsa, então segue-se em geral que não há nenhum mundo possível com as mesmas leis da natureza no qual ela é falsa. Mas o contrário não é verdadeiro. Esse é o sentido no qual necessidade causal ou nomológica é mais fraca do que necessidade lógica ou metafísica.) (BONJOUR; BAKER, 2010, p. 769).

1.5. CONTINGÊNCIA SEGUNDO JOÃO BRANQUINHO, DESIDÉRIO MURCHO E NELSON GOMES

João Branquinho, Desidério Murcho, filósofos portugueses, e Nelson Gomes, para definirem um acontecimento contingente, trazem, como enfoque, a noção de *acontecimento*, assinalam os aspectos de *mundo possível melhor*, destacando a diferença entre o contingente e o não contingente (neste caso, *aquilo que não poderia não ter ocorrido*, ainda que as circunstâncias factuais fossem distintas):

Um acontecimento contingente é simplesmente um acontecimento que ocorreu, mas que poderia não ter ocorrido (se as coisas

> *tivessem sido outras); por exemplo, a dor no calcanhar esquerdo que eu senti ontem à tarde é um acontecimento contingente: num mundo possível certamente melhor do que este, ela não existiria. Um acontecimento não contingente é simplesmente um acontecimento que, não só ocorreu, como também não poderia não ter ocorrido (por muito diferentes que as coisas tivessem sido); para muitos deterministas, fatalistas e pessoas do gênero, certos factos históricos (e.g. a Batalha das Termópilas) são acontecimentos não contingentes. De novo, há quem não admita, de forma alguma, acontecimentos não contingentes, pelo menos no que diz respeito ao caso de acontecimentos simples, e quem defenda a ideia de que só os factos contingentes são acontecimentos* (2005, p. 24).

No âmbito da contingência, há discussão acerca do essencialismo, que condiz com os limites da capacidade cognitiva do Homem. É que, nessa acepção, não é porque não se tem, por meio da experiência empírica, a plena apreensão do objeto, isso não significa que não haja uma lei da essência, que existe independentemente da investigação humana. As leis da essência seriam necessárias, porque comportam validade universal e qualidade apriorística, ao passo que as leis empíricas, justamente em virtude de certos limites de alcance cognitivo, seriam contingentes.

É o que esclarece o Professor de Filosofia da Universidade Federal de Santa Catarina Franz Josef Brüseke, ao citar os ensinamentos de Edmund Husserl no ponto da contingência:

> *Husserl entende a contingência como característica do objeto individual,* ***somente a essência possui necessidade****. O fenômeno individual é casual, porque poderia ser diferente. A essência possui necessidade porque ela é como ela é, e não pode ser diferente. O eidos, i. e., a essência, define os limites da variação da individualidade de um objeto. Se eu quero falar com razão de uma mangueira, tenho que respeitar certos limites. Uma mangueira cortada em pedaços não é mais uma mangueira. Mas existem mangueiras singulares maiores ou menores, com frutas ou sem frutas, e, apesar do fato de elas terem desenvolvido casualmente certas características individuais, estão sendo denominadas mangueiras com razão. Segundo Husserl, existem leis de essência que,*

> *tendo validade universal, podem ser identificadas independentemente da experiência empírica. As leis empíricas são casuais. Logicamente,* ***uma lei empírica poderia ter uma outra forma, sua verdade é contingente. Somente a experiência confirma sua validade****. A lei da essência, pelo contrário, é independente da experiência, ela tem qualidade apriorística* (2002, p. 289, grifado).

Branquinho, Murcho e Gomes explicam o tópico da contingência, isto é, quanto à circunstância de que uma proposição é verdadeira, mas pode ser falsa, ressaltando o aspecto dos mundos metafisicamente possíveis (e aos nomologicamente possíveis também, da mesma forma em que conceituaram Bonjour e Baker). Trazem, além disso, importante distinção entre *o possível* e *o contingente* (neste caso, mundos possíveis em que a proposição é verdadeira, mundos possíveis em que é falsa):

> *Um predicado modal de proposições (frases, juízos, etc.) que pode ser caracterizado em termos de outros predicados modais de proposições, como por exemplo os predicados «necessária» e «possível.» Uma maneira familiar de introduzir a noção é a seguinte. Uma proposição p é contingente quando, e só quando, p não é necessária e p não é impossível; por outras palavras, p é contingente se, e só se, p é possivelmente verdadeira, mas não é necessariamente verdadeira. Usando a conveniente terminologia de mundos possíveis, diríamos que* ***p é contingente quando, e só quando, há mundos possíveis nos quais p é verdadeira, e, para além disso, há mundos possíveis nos quais p é falsa.***
>
> ***A modalidade da contingência não deve pois ser confundida, como por vezes sucede, com a modalidade da possibilidade. Apesar de tudo aquilo que é contingente ser a fortiori possível, nem tudo aquilo que é possível é contingente: do facto de uma proposição ser possível, e logo verdadeira em alguns mundos, não se segue que seja contingente, pois pode simplesmente ser também verdadeira nos restantes mundos.*** *Há assim duas espécies de proposições contingentes. De um lado, há aquelas proposições que são de facto verdadeiras, mas que poderiam ser falsas (se as coisas fossem, nos aspectos relevantes, diferentes daquilo que são); estas são as verdades contingentes, das quais*

um exemplo é dado na proposição «Eu estou agora sentado a escrever esta frase.» Do outro lado, há aquelas proposições que são de facto falsas, mas que poderiam ser verdadeiras (se as coisas fossem, nos aspectos relevantes, diferentes daquilo que são); estas são as falsidades contingentes, das quais um exemplo é dado na proposição «Eu estou agora a correr no Estádio Universitário.»

O complemento relativo do predicado modal de contingência é o predicado modal de não contingência, o qual pode ser introduzido da seguinte maneira. Uma proposição p é não contingente se, e só se, ou p é necessária ou p é impossível; necessidade e impossibilidade são assim as duas variedades de não contingência.

Por outras palavras, p é não contingente se, e só se, ou p é verdadeira em todos os mundos (p é uma verdade necessária) ou p é falsa em todos os mundos (p é uma falsidade necessária).

Há tantas noções diferentes de contingência quantas as diferentes noções de possibilidade (ou de necessidade) disponíveis. Assim, tal como se pode falar em possibilidade causal, pode-se também falar em contingência causal.

Grosso modo, uma proposição p é causalmente contingente quando há mundos nomologicamente possíveis — mundos governados pelas mesmas leis da natureza do que o mundo actual — nos quais p é verdadeira, e, para além disso, há mundos nomologicamente possíveis nos quais p é falsa; por exemplo, a proposição «Está a chover a potes em Lisboa na tarde do dia 15 de Dezembro de 1997» é causalmente contingente, mas a proposição «Mário Soares é imortal» não é (presumivelmente) causalmente contingente. Do mesmo modo, tal como se pode falar em possibilidade lógica, pode-se também falar em contingência lógica. Grosso modo, p é logicamente contingente quando há mundos logicamente possíveis (digamos, mundos governados pelas leis da lógica clássica) nos quais p é verdadeira, e, para além disso, há mundos logicamente possíveis nos quais p é falsa; por exemplo, a proposição «Mário Soares é imortal», ou a proposição «Mário Soares não é um crocodilo», é logicamente contingente, mas a proposição «Se Mário Soares é imortal, então Mário Soares é imortal» não é logicamente contingente. Finalmente, tal como se pode falar em possibilidade metafísica, pode-se também falar em contingência metafísica.

> *Grosso modo, p é metafisicamente contingente quando há mundos metafisicamente possíveis (num sentido a precisar) nos quais p é verdadeira, e, para além disso, há mundos metafisicamente possíveis nos quais p é falsa; por exemplo, a proposição «Mário Soares existe» é metafisicamente contingente, mas a proposição «Mário Soares não é um crocodilo» não é (argumentavelmente) metafisicamente contingente* (2005, p. 201-202, grifado).

1.6. CONTINGÊNCIA SEGUNDO NICOLA ABBAGNANO

O filósofo Nicola Abbagnano, notabilizado por seu *Dicionário de Filosofia* (2007), veicula em sua obra o verbete *contingente*, apontando certa ambiguidade e incoerência na ideia de contingência, ao trazer a lume as concepções utilizadas por filósofos como Boécio, Avicena, Leibniz, São Tomás de Aquino, Bergson.

A ambiguidade, para Abbagnano, residiria na afirmação assumida por pensadores de que o contingente é o *possível em si* que pode ser necessariamente *determinado em relação a outra coisa* e que, por isso, pode ser necessário. Haveria incoerência, portanto, em dizer que algo é contingente, mas com aptidão para ser necessário (2007, p. 200).

De qualquer maneira, o verbete de Abbagnano aborda a crucial associação entre *contingência e liberdade*, isto é, a aproximação com o não determinado, o imprevisível, aquilo que permite ter formas adotadas e inventadas, com *linhas divergentes de evolução*:

> *Na filosofia contemporânea, sobretudo na francesa a partir da obra de Boutroux, A contingência das leis da natureza (1874), o termo C. passou a ser sinônimo de "não-determinado", isto é, de livre e imprevisível; designa especialmente o que de livre, nesse sentido, se encontra ou age no mundo natural. Bergson adota esse termo no mesmo sentido: "O papel da contingência é importante na evolução. C., o mais das vezes, são as formas adotadas, ou melhor, inventadas. C, relativamente a obstáculos encontrados em tal lugar e em tal momento, é a dissociação da tendência primordial em diversas tendências complementares que produzem linhas divergentes de evolução. C. são as paradas e os retornos"*

(Évol. créatr. 11ª ed., p. 277, 1911). Nesse sentido, contingência identifica-se com liberdade e ambas se opõem a necessidade; ao passo que a possibilidade, segundo Bergson, e só a imagem que a realidade, em sua autocriação C., isto é, "imprevisível e nova, projeta de si mesma em seu próprio passado" (La pensèe et le mouvant, p. 128). O uso do termo "contingência" nesse significado caracteriza as correntes do chamado indeterminismo (v.) contemporâneo: doutrinas filosóficas que interpretam a natureza em termos de liberdade e de finalidade, isto é, em termos de espírito. A esse significado também se reporta o uso desse termo por Sartre, para quem contingência é o fato de a liberdade "não poder não existir". Contingência, portanto, é a liberdade na relação do homem com o mundo (l'être et le néant. p. 567) (2007, p. 200-201).

1.7. CONTINGÊNCIA SEGUNDO COLIN MCGINN (EM FORTE REFERÊNCIA A SAUL KRIPKE)

Acerca da contingência, o filósofo inglês Colin Mcginn traz ao palco os estudos do filósofo estadunidense Saul Kripke, para quem a noção de contingência é associada aos *mundos possíveis* e que algumas verdades necessárias não dependeriam de conceitos linguísticos (um resgate do essencialismo, portanto).

McGinn enfatiza a ideia de verdades analíticas, que são independentes de qualquer verificação externa a não ser da própria linguagem que constitui o conceito, contrastando-as com as verdades sintéticas, que demandam a *olhadela ao mundo lá fora para ver como está* e, assim, tirar conclusões a respeito.

Contudo, assinala que, a partir dos estudos do filósofo Saul Kripke, especialmente na obra *O Nomear e a Necessidade* (1980), a origem de um objeto, ou sua constituição material, é uma de suas propriedades essenciais, derivando daí que certos objetos ensejam a atribuição da necessidade independentemente de sua linguagem:

> *Nesta altura estava muito interessado no conceito de necessidade, estimulado em parte pelo trabalho revolucionário de Kripke.* ***Entre as coisas que são verdadeiras, algumas são verdadeiras de uma maneira especialmente forte — são necessariamente ver-***

dadeiras. Estas verdades diferem das verdades que poderiam ter sido de outro modo — aquelas que são apenas contingentemente ou acidentalmente verdadeiras. Por exemplo, é verdade que sou um filósofo, mas isso não é uma verdade necessária: é perfeitamente concebível que eu me tivesse tornado outra coisa — psicólogo, baterista, canalizador.

A maioria das verdades é assim: apenas acontece que são verdadeiras, mas não são verdadeiras em «todos os mundos possíveis». Neste momento estou a beber café descafeinado, mas isto não é algo que seja inconcebível pensar que pudesse ser de outro modo. Compare-se este caso com o caso de o número dois ser um número par, ou com os solteiros não serem casados, ou tudo ser idêntico a si mesmo. Quando pensamos nisso vemos que ***esses factos não poderiam ter sido de outra maneira: o número dois não poderia ser ímpar e continuar a ser o número dois; os solteiros por definição não são casados, e por isso o conceito de solteiro que seja casado não faz sentido; um objecto não poderia deixar de ser idêntico a si próprio, por mais estranho que fosse. Estas são, assim, verdades necessárias — são verdadeiras em «todos os mundos possíveis». Há algo de inabalável quanto à sua verdade, uma incapacidade para ser outra coisa senão verdadeiras. Nem Deus as poderia ter feito falsas.***

Ora, quando perguntamos de que depende a necessidade de uma verdade necessária é natural responder do seguinte modo: resulta dos nossos conceitos, da nossa linguagem, do modo como descrevemos certas coisas. Assim, é parte do conceito de número dois que ele é par; e faz parte do significado da palavra «solteiro» que os solteiros não são casados; faz parte, pura e simplesmente, da própria ideia de objecto que um objecto seja idêntico a si mesmo. Num certo sentido, estas parecem tautologias triviais, algo como dizer que os triângulos têm três lados. Conhecemos estas verdades necessárias apenas em virtude de sabermos a nossa língua; não se trata de reflectirem um facto acerca da realidade que exista independentemente da linguagem. A palavra técnica para esta característica é «analítico»: estas verdades necessárias parecem analíticas no sentido em que dependem apenas da análise dos significados dos termos envolvidos, e não de algo que esteja fora da linguagem. As verdades contingentes, por outro lado, depen-

dem de factos que estão fora da linguagem: o que faz ser verdade que eu esteja a beber um café descafeinado não é simplesmente o significado das palavras «café», «beber» e «eu» mas o facto de o mundo calhar ser de uma certa maneira. Assim, ***nunca poderíamos vir a saber que uma verdade contingente é verdadeira pela simples análise do significado das palavras que a constituem; temos de dar uma olhadela para ver como o mundo lá fora está organizado****. Assim, é muito natural acreditar — e assim diz uma tradição dominante, a tradição a que se chama empirismo — que as verdades necessárias são meras verdades analíticas, uma questão de definições linguísticas, ao passo que* ***as verdades contingentes são «sintéticas», o que significa que não dependem de meras definições mas de factos que estão para lá da linguagem.***

Contudo, ***Kripke pôs em causa esta bela ideia, argumentando que algumas verdades necessárias não dependem de significados linguísticos****. O seu exemplo mais controverso diz respeito aos nossos antepassados familiares. Cada um de nós nasceu de um par particular de pais biológicos — no meu caso Joe e June. Claro que isto não depende do significado do nome «Colin McGinn»: muitas pessoas que sabem o meu nome não sabem quem são os meus pais, e não é possível analisar o meu nome para descobrir os meus antepassados. Mas quando reflectimos sobre isto parece que estamos a lidar com uma verdade necessária: eu não poderia ter outros pais excepto Joe e June. Temos de ter cuidado ao interpretar esta afirmação correctamente: claro que é possível ter havido um erro e os meus pais na realidade serem Jack e Ethel, mas Joe e a June levaram-me do hospital alegando que eu era filho deles — já aconteceram coisas mais estranhas. Mas dado que é mesmo verdade que Joe e June são os meus pais, isto não parece aquele tipo de facto que poderia ter sido de outro modo. Eu poderia ter nascido num hospital diferente ou em casa, sem comprometer a minha identidade, mas não é realmente possível que eu tivesse pais diferentes e continuar a ser eu. Estou ligado aos meus pais pela necessidade, e esta necessidade não surge da linguagem. É uma necessidade que depende da natureza das coisas — uma «necessidade de re», como dizemos tecnicamente. É apenas um facto sobre mim que eu não poderia ter tido pais*

> *diferentes, e isto nada tem a ver com o significado do meu nome. Assim, a própria realidade pode ter as chamadas «propriedades essenciais». **Os objectos dão origem a necessidades independentemente da linguagem.** Mesmo que não existisse uma linguagem continuaria a ser uma verdade necessária que tenho as minhas origens em Joe e June. **Nem toda a necessidade é analítica. Isto destrói a tradição empirista que baseava toda a necessidade na linguagem*** (MCGINN, 2007, p. 106-109, grifado).

1.8. INICIAL APROXIMAÇÃO DO CONCEITO DE CONTINGÊNCIA COM A TESE DO ESTUDO

Reconhece-se que há, no presente tópico, pródiga transcrição de excertos de filósofos e pensadores acerca da *modalidade*. As citações são, contudo, importantes ao devido apontamento das estudadas noções de contingência, tópico de relevo das discussões filosóficas e marco teórico desta obra.

Efetivamente, para explicitar a ligação com o presente trabalho, o tema dos *mundos possíveis*, nessa perspectiva filosófica suscitada, é revelador aspecto.

Diz-se aqui que a *contingência* é uma das asas que, juntamente com a *competência*, permitirá um acesso judicial sem escalas entre autoridades judiciais em processos nos quais a demanda recursal por análise de proporção e razoabilidade esteja presente, o que será mais bem explicado nos próximos capítulos.

Mas o que um conceito filosófico tem de aproximado com um tema jurídico? – é uma indagação que se pode imediatamente fazer.

Pela própria natureza das chamadas *Instâncias*, a Justiça Brasileira tem as características de compartimentar a atribuição de jurisdição, de fixar competência e de definir procedimentos estritos e predefinidos, que são os rituais litúrgicos tais quais os de uma celebração religiosa.

Central, por conseguinte, é que cada setor da distribuição da Justiça se revela – pode-se dizer – um *mundo próprio de visões* dentre as autoridades que exercem o poder de afirmar quem é, num conflito intersubjetivo, o *dono da razão*. Pode ocorrer que, em um processo, não se tenha sequer um dono da razão, consoante acontece das soluções consensuais.

Em um só processo, há previsão de que vários julgadores terminem por se manifestar nos autos, a depender dos recursos que vão sendo manejados pela parte irresignada, de modo que cada juiz dispensa ao ato de julgar, de certo modo, sua parcela de pensamento.

A consciência acerca do aspecto contingente das coisas da vida é a mesma consciência que permite, ao litigante inconformado, sentir *a esperança* de obter um cenário jurídico-factual melhor do que aquele que vê.

Apenas *aconteceu* – aspecto contingente, conforme argumentou Colin McGinn – que uma determinada decisão tenha sido proferida de certo modo e ela, naquele mundo jurídico, não satisfez uma parte. A contingência, lado outro, projeta-se ao futuro, o futuro das escolhas humanas livres, estas, por si só, contingentes, consoante a reflexão de Leibniz.

É que se estabelece ali, em âmbito processual, e como manifestação excelente da jurisdição (em sentenças e acórdãos), o que passa a ser o mundo jurídico. Tanto que é da tradição dos estudantes universitários brasileiros para logo assimilar, já nas primeiras aulas da cadeira de Processo Civil, que *o que não está nos autos não está no mundo* [jurídico].

1.8.1. A contingência e a relativização do dizer "a sentença faz, do quadrado, redondo"

Outra noção herdada das tradições dos saberes jurídicos é a de que *a sentença faz, do quadrado, redondo*, o que designa *a criação de um mundo* (jurídico, volta-se a afirmar) marcadamente contingente.

O mundo jurídico é o mundo das verdades futuras contingentes.

É que seria perfeitamente admissível, no âmbito endoprocessual, a criação de qualquer mundo em que a sentença não necessariamente, mas apenas contingentemente, faça redondo o quadrado; pode ser que o faça hexagonal, octogonal, dodecagonal e assim por diante, que são figuras semelhantes a um círculo, mas dele se distinguem, muito embora compartilhem com ele algumas características, como a *vocação para a rolagem*.

O arredondamento do quadrado é alegoria para acertar as coisas, resolver os problemas da vida entre as partes contendoras, tomar uma decisão entre caminhos possíveis, e as figuras contingentemente aproximadas do redondo são tão prestantes quanto esta para promover um vigorante – e vigoroso – mundo jurídico.

A questão da contingência é que este mundo jurídico estabelecido é verdadeiro, mas não se pode dizer seja ele necessariamente verdadeiro.

Sem pretender adiantar muito o que será visto nos capítulos da competência e do juízo de excepcionalidade, são agudamente contingentes e suscitadores de mundos jurídicos possíveis os aspectos de excesso ou irrisoriedade, de caráter ínfimo ou exorbitante, de fixação proporcional ou desproporcional, de razoável ou irrazoável na quantificação de situações da vida vertidas no prélio judicial, integrativas da apreciação dos Julgadores em diversas modalidades recursais, estas que, por si só, já constituem importantíssimo disparador do elemento contingência: afinal, como saber ou antever o que pensará a autoridade a respeito do recurso?

A simples previsão de recursos, onde *A e não-A* – para usar a compreensão de Coscarelli (2008, p. 10) – podem ser conformados como o resultado do julgamento, é expressão evidenciadora de contingência filosófica.

Para Franz Brüseke, fazendo alusão ao conceito de contingência, *não posso classificar eventos futuros hoje como sendo verdadeiros ou não, pois não posso ver hoje o que posso ver amanhã* (2002, p. 284).

Um julgamento pode, por exemplo, lançar a conclusão de que *a indenização por dano moral é fixada em R$ 10.000,00*. Lado outro, as partes, tanto a beneficiada pela indenização, quanto a que se vê obrigada ao pagamento, pensam "ela poderia ser maior; vou recorrer", ou "ela poderia ser menor, vou recorrer".

Nesse caso, descrevem coisas que não correspondem ao mundo real, porque apartadas do julgamento que acabou de sair, mas assinalam, de modo concreto, um diferente do atual, isto é, "existe um mundo possível em que a indenização aumentou/diminuiu".

Neste mundo possível, é sabido que a proposição do mundo atual é visualizada como falsa, porque a questão foi decidida de modo contrário ao que a parte pretendia, mas, por continuar pretendendo certa finalidade processual, o dito mundo possível persiste em conter a descrição, cujo teor é considerada falsa no mundo atual.

A existência de recurso judicial e de uma autoridade judiciária competente para dizer possivelmente coisas novas a respeito da questão pretendida – e controvertida – mantém presente um conjunto de proposições para os quais a afirmação jurídica pertence àquele conjunto.

Nessa esteira, se alguém disser *a condenação em honorários advocatícios é maior do que a decisão anterior, como eu gostaria*, trata-se de alocução verdadeira, por existir o conjunto *possibilidade de aumento ou diminuição judicial de quantias estabelecidas em condenação a indenização*. O recurso judicial e a proclamação de autoridade competente para falar a respeito possibilitam ao menos a existência do conjunto e exprimem o caráter contingente desse ponto.

A razão para a ocorrência do contingente só se explica a contrapelo, isto é, tão logo se torne efetivo, conforme é da concepção de Leibniz.

Enquanto houver mundos possíveis, nos quais o ato de dizer o direito possa ser verdadeiro, mas não necessariamente verdadeiro, pode-se dizer que aí está o aspecto da contingência.

Tudo aquilo que é logicamente possível pode ser consubstanciado por um mundo possível. Pode-se dessumir mundo possível situação contrafactual. Referida situação não é aquela de ato e fato – experienciada na realidade, isto é, aquilo que se vê –, mas *o cenário que possui condições para ter acontecido*, de modo que, caso ocorresse, o mundo seria distinto, diferente, isto é, outro mundo seria possível. Talvez seja esta maneira mais rebuscada de apresentar o que sintetizou Duns Scotus: *contingente é aquilo cujo oposto poderia ocorrer no momento em que aquilo ocorre.*

2.

A COMPETÊNCIA JURISDICIONAL

O estudo ora desenvolvido segue hipótese que pode ser resumida na seguinte assertiva: a filosofia da contingência e a competência jurisdicional são as estruturas a partir das quais, nas situações em que a parte recorrente vindica ao Superior Tribunal de Justiça o juízo de excepcionalidade por desproporção em questões como fixação de sanção por improbidade, de indenização por dano moral e de remuneração de sucumbência de Advogado, o juízo de admissibilidade efetuado pela Presidência dos Tribunais de origem parece diminuir-se.

Já se tratou da contingência filosófica.

2.1. *COMPETÊNCIA COMO ILHA DO DIREITO JUDICIÁRIO ORGANIZACIONAL*

No tocante ao outro eixo deste trabalho, a competência é uma criação, por estatutos constitucionais e/ou legais, de *ilhas do direito judiciário organizacional.*

Guarda reputação constitucional a pré-criação dessas ilhas do poder de dizer o direito: evitam-se os chamados juízos estabelecidos especificamente para um caso, os conhecidos Tribunais de exceção, de modo a que, com certas manobras de parte interessada, seja possível influenciar o resultado do julgamento. É de Eduardo Arruda

Alvim a assertiva de que *a competência significa ideia da legitimidade do exercício de um determinado poder, num determinado momento e sob determinadas circunstâncias* (1999, p. 90).

É natural o enquadramento na Lei Maior de normas fundamentais sobre o assunto, pois em última análise tais normas delimitam e definem o exercício da soberania nacional pelos órgãos do Poder Judiciário (GUSMÃO CARNEIRO, 2012, p. 99).

De fato, a Constituição Federal de 1988 cuidou de estabelecer que *não haverá juízo ou tribunal de exceção* e que *ninguém será processado nem sentenciado senão pela autoridade competente* (art. 5º, XXXVII e LIII, da CF/1988).

Comprova a assertiva de que a competência tem reputação constitucional o ponto da *perpetuatio jurisdictionis*, segundo o qual a competência é determinada no momento do registro ou da distribuição da petição inicial, *sendo irrelevantes as modificações do estado de fato ou de direito ocorridas posteriormente, salvo quando suprimirem órgão judiciário ou alterarem a competência absoluta* (art. 43 do Código de Processo Civil de 2015).

A competência é, portanto, filha primogênita da imparcialidade. Permite que, em uma situação na qual possa haver vários julgadores num território, por exemplo, as múltiplas causas apresentadas possam ser analisadas por qualquer daqueles juízes, segundo critérios plasmados em regras de distribuição por sorteio.

Por isso, a atribuição de poder que se confere a uma autoridade para dizer o destino acerca de uma causa pode ser regulada por alguns critérios, como o objeto nela versada, a pessoa envolvida, o valor discutido, o território, a função exercida pela Corte.

2.2. CRÍTICA AO CONCEITO DE COMPETÊNCIA COMO "MEDIDA DA JURISDIÇÃO"

Mas, antes de tratar desse importante tema, deve ser registrada a crítica que se faz ao conceito de competência – que aqui não se utiliza – como *medida da jurisdição*, que é a primeira e mais urgente noção transmitida aos acadêmicos nas faculdades de Direito.

A Antônio Carlos Marcato, a assertiva de que a jurisdição possui *medida* deve ser repensada, na medida em que *o poder jurisdicional é exercido em sua plenitude pelos órgãos dele investido, sendo incorreto afirmar-se, por consequência*, que um tenha mais ou menos poder que outro, da mesma forma que representa um equívoco falar-se em espécies de jurisdição (1997, p. 16). E acrescenta acerca do que se poderia entender por competência:

> *(...) a competência não representa a quantidade de jurisdição conferida a cada órgão judicial; significa, isto sim, os limites legais impostos ao exercício válido e regular do poder jurisdicional por aqueles, ou, por outras palavras, a competência legitima o exercício do poder, pelo órgão jurisdicional, em um processo concretamente considerado* (1997, p. 16).

A Luiz Rodrigues Wambier e Eduardo Talamini, a competência não pode ser associada à noção de medida da jurisdição. Assinalam que a jurisdição, enquanto função do Estado, é exercida sobre toda a sociedade, sendo certo que a competência é apenas a organização e a divisão do trabalho. A competência apenas atribui concretamente a função de exercer a jurisdição, sendo o instituto que se encarrega de efetuar as definições do âmbito de exercício. Também criticam a noção de competência como medida da jurisdição:

> *Daí não ser feliz a imagem criada por alguns autores, no sentido de que a competência seria a medida da jurisdição, como se os órgãos do Poder Judiciário exercessem apenas "parte" da jurisdição.*
>
> *Na verdade, quando as regras de competência preveem que determinado órgão do Poder Judiciário deva exercer a jurisdição, esse o fará integralmente, não havendo que se falar em exercício de parcela ou de parcelas da jurisdição. Importante ressaltar, nesse passo, que competência é atribuição do órgão jurisdiciona e não do agente, pessoalmente, dada a prevalência do princípio da impessoalidade* (WAMBIER; TALAMINI, 2016, p. 150).

Athos Gusmão Carneiro, em seu estudo *Jurisdição e Competência* (2012), preserva a ideia de competência-medida:

> *Ante a multiplicidade e a variedade das demandas possíveis em juízo, tornou-se necessário encontrar critérios a fim de que as causas*

> *sejam adequadamente distribuídas aos juízes, de conformidade não só com o superior interesse de uma melhor aplicação da Justiça, como também buscando na medida do razoável atender ao interesse particular, à comodidade das partes.*
>
> *Todos os juízes exercem jurisdição, mas a exercem numa certa medida, obedientes a limites preestabelecidos. São, pois competentes somente para processar e julgar determinadas causas. A competência, assim, é a medida da jurisdição, ou, ainda, é a jurisdição na medida em que pode e deve ser exercida pelo juiz* (GUSMÃO CARNEIRO, 2012, p. 97).

Antônio Carlos de Araújo Cintra, Ada Pellegrini Grinover e Cândido Rangel Dinamarco, em obra sobre a *Teoria Geral do Processo* (2010), tratam do tema da competência como processo gradativo de concretização da função jurisdicional. Assinalam que *a jurisdição sai do plano abstrato que ocupa como poder atribuído a todos os juízes e chega à realidade concreta da atribuição do seu exercício a determinado juiz (com referência a determinado processo)* (2010, p. 253).

E ressaltam o caráter uno da função jurisdicional, isto é, não comportante de divisões ou fragmentações. A causa material da competência, para os pensadores da processualística, é a existência de inúmeras possibilidades de instauração de processos em conflitos interindividuais, com o necessário estabelecimento de múltiplos órgãos jurisdicionais. Eis o excerto que justifica a existência da competência e o seu caráter:

> *Como são inúmeros os processos que podem ser instaurados em decorrência dos conflitos interindividuais que surgem em um país e múltiplos também os órgãos jurisdicionais, é facilmente compreensível a necessidade de distribuir esses processos entre esses órgãos. A jurisdição como expressão do poder estatal é uma só, não comportando divisões ou fragmentações: cada juiz, cada tribunal, é plenamente investido dela. Mas o exercício da jurisdição é distribuído, pela Constituição e pela lei ordinária, entre os muitos órgãos jurisdicionais; cada qual então a exercerá dentro de determinados limites (ou seja, com referência a determinado grupo de litígios)* (CINTRA; GRINOVER; DINAMARCO, 2010, p. 251).

2.3. IMPORTANTE ASPECTO DA COMPETÊNCIA: ATRIBUTO EXCLUDENTE. CRITÉRIOS DE VERIFICAÇÃO

Há um aspecto de sobrelevada importância na caracterização da competência para os citados pensadores, que é o seu atributo *excludente*. Por esse aspecto negativo, consubstancia-se a limitação de um Julgador frente aos demais: ao tempo em que o exercício da jurisdição vertido a um Magistrado, exclui-se a intervenção de outro. Note-se:

> *E assim a função jurisdicional, que é uma só e atribuída abstratamente a todos os órgãos integrantes do Poder Judiciário, passa por um processo gradativo de concretização, até chegar-se à determinação do juiz competente para determinado processo; através das regras legais que atribuem a cada órgão o exercício da jurisdição com referência a dada categoria de causas (regras de competência),* ***excluem-se os demais órgãos jurisdicionais para que só aquele deva exercê-la ali, em concreto*** (CINTRA; GRINOVER; DINAMARCO, 2010, p. 251).

A competência pode ser *absoluta*, quando os critérios que a norteiam *interessam mais diretamente à própria jurisdição: visam à maior racionalidade, eficiência e segurança da atuação dos órgãos jurisdicionais* (WAMBIER; TALAMINI, 2016, p. 151), ou relativa, quando a competência é definida por critérios vinculados eminentemente ao interesse das partes, isto é, aquilo que obedece a critérios de conveniência (*idem*, *ibidem*).

Para que se alcance o máximo de concretude, a competência é determinada segundo critérios, que é a verificação de qual juízo, diante de todos igualmente investidos na função jurisdicional, que irá processar e julgar determinada causa.

Os critérios são fundamentalmente os seguintes: *territorial*, *funcional*, em *razão da pessoa*, *matéria a ser decidida* e *valor da causa* (WAMBIER; TALAMINI, 2016, p. 151). Os critérios ligados a valor e a território são eminentemente relativos, ao passo que os ligados à pessoa, à matéria e o funcional são absolutos.

É possível que a lei estabeleça repartição geográfica de atribuições jurisdicionais. Em hipóteses tais, está-se diante de *critério territorial*. Trata-se da determinação do *foro competente*. É o caso, por exemplo, do local do ato ou fato lesivo para as ações de reparação de danos.

Valor atribuído à causa, *Matéria* tratada na espécie e *Pessoa* em um dos polos da relação jurídico-processual também são fatores determinantes de competência.

Com o advento dos Juizados Especiais Cíveis, que podem ser instituídos em âmbito estadual e federal, o *valor que o autor confere à pretensão vertida na causa* atribui competência a certo órgão jurisdicional.

Os Juizados Especiais Cíveis Estaduais (Lei 9.099/1995), que envolvem não apenas juízos específicos, mas rito diferenciado de condução, de possibilidades de produção probatória e de ônus das partes, prestigiando, antes tudo, a conciliação, processam causas que não excedam quarenta salários mínimos e envolvam menor complexidade em seus aspectos de controvérsia. Os Juizados Estaduais para a Fazenda Pública (Lei 12.153/2009) conciliam e julgam causas cíveis de interesse dos Estados, do Distrito Federal, dos Territórios e dos Municípios, até o valor de 60 (sessenta) salários mínimos. Os Juizados Especiais Federais processam causas de competência da Justiça Federal até o valor de 60 (sessenta) salários mínimos.

No Processo do Trabalho, o valor da causa determina espécie de competência, que diz respeito ao *procedimento a ser desempenhado* (seria uma hipótese de competência funcional horizontal). Os dissídios individuais, cujo valor atribuído à causa não exceda 40 (quarenta) salários mínimos, são submetidos ao procedimento sumaríssimo.

A questão é de sobrelevada importância: na Lei 5.584/1970, as causas trabalhistas não excedentes a dois salários mínimos serão processadas pelo rito sumário, circunstância em que, *salvo se versarem sobre matéria constitucional, nenhum recurso caberá das sentenças proferidas nos dissídios da alçada* (art. 2º, §4º, da Lei 5.584/1970, com redação dada pela Lei 7.402/1985).

Referidas circunstâncias põem em relevo que a competência não é, apenas e tão somente, um ponto relativo a formalidades:

indica os caminhos pelos quais a causa seguirá, conferindo maior ou menor amplitude à prestação jurisdicional.

A *matéria incrustada na causa* é, talvez, um dos aspectos de maior expressão frente à coletividade e aos operadores da Justiça quando se aborda o aspecto da competência. Sempre que alguém almeja buscar o socorro do Poder Judiciário, de imediato tem certas noções a respeito de que o juiz deve procurar: se a questão é trabalhista, tem logo em mente que precisa procurar a Justiça do Trabalho; se a questão diz respeito a alguém que faleceu e deixou bens legados a certas pessoas e para serem herdados por outras, com intensas discussões acerca das porções que a cada um cabe, há um Julgador em matéria de sucessões que deve ser invocado.

As Leis de Organização Judiciária, instituídas quer em âmbito estadual, quer em âmbito federal, são o édito indicado para estabelecer as divisões por matéria (especializações), podendo existir, a depender da estruturação conferida por cada Tribunal, por suas repartições administrativas, a proposição para dividir ou não os juízos conforme a matéria. Há Tribunais que estruturam a existência de vários juízos falimentares ou de competência para ações civis públicas e coletivas, por exemplo, o que denota altíssima especialização; noutros Tribunais, é possível que um só juízo seja responsável por acumular causas das mais diversas matérias, como as de natureza cível, penal, administrativo, tributário, o que engloba uma miríade de cizânias.

A ideia de competência, em imaginário coletivo, tem muito vínculo com a especialização de juízes: aqueles Julgadores destacados para uma feição de controvérsia são, presumidamente, aqueles que dispõem de entendimento mais aprofundado acerca das questões levadas a exame. A noção de competência atrelada à matéria é a que mais se sintoniza com aspectos de especialização e, portanto, de tendência à perfeição do ato de julgar (um caminho de virtude para o que se pode chamar *ideal de Justiça*), pois, por um aspecto que parece ser lógico, quem mais entende do assunto é quem pode lançar mão de melhores soluções para certo problema.

Em continuidade aos critérios, certas *partes envolvidas na relação jurídica processual* são capazes de suscitar a fixação da competência (*ratione personae*). Um cenário imediato a esse critério está radicado na tradicional existência do foro por prerrogativa de função, comumente chamado de foro privilegiado, em que determinadas autoridades são submetidas a julgamento em Primeiro Grau de Jurisdição perante Tribunal ou Corte Superior, alterando-se a regra-base de que a causa se inicie perante o Magistrado singular. São exemplares desse critério o julgamento do Prefeito perante o Tribunal de Justiça (art. 29, X, da Constituição Federal de 1988) e dos Governadores dos Estados e do Distrito Federal, nos crimes comuns, perante o Superior Tribunal de Justiça (art. 105, I, *a*, da vigente Carta Magna).

Outro cenário é o rol de partes definido no art. 109, I, da Constituição Federal de 1988, *segundo a qual são de competência da Justiça Federal as causas em que for parte ou terceiro interveniente a União, suas empresas públicas, fundações e entidades autárquicas (incluindo-se aqui os conselhos de fiscalização de atividade profissional), ressalvadas as hipóteses de recuperação judicial, falência, insolvência civil, acidentes de trabalho e as causa sujeitas à Justiça Eleitoral e à Justiça do Trabalho* (WAMBIER; TALAMINI, 2016, p. 159).

Noutro passo, o Poder Judiciário, ao longo das décadas, estruturou-se de modo complexo como tecnologia de apreciação e de solução de conflitos interpessoais. Assim, a lei estabelece regras de competência *de acordo com a função que o órgão jurisdicional deve exercer no processo*. O primeiro grau de jurisdição, por exemplo, pode se dar perante o Juiz singular ou mediante julgamento colegiado em Tribunal, conforme regras constitucionais fixem que uma autoridade seja julgada por esta ou aquela instância, como visto.

A competência funcional pode ser *vertical*, qualificada pela disposição do Poder Judiciário em órgãos hierárquicos, isto é, situados em diferentes graus de jurisdição: grau dos juízes singulares, grau dos Tribunais locais/regionais; grau superior, em que constam os Tribunais de Vértice (WAMBIER; TALAMINI, 2016, p. 156). Também, sobre esse ponto, lecionam CINTRA, GRINOVER e DINAMARCO:

> *Como se vê, em duas etapas apresenta-se o problema da competência hierárquica, ou competência em sentido vertical (órgão superior ou inferior?): primeiro para determinar-se qual deles conhece originariamente da causa, depois na escolha do órgão que conhecerá dos recursos interpostos. Naturalmente, o primeiro dos quesitos acima envolve a determinação da competência de uma das Justiças ou de um dos órgãos de superposição (Supremo Tribunal Federal, Superior Tribunal de Justiça), que não pertencem a nenhuma delas e sobrepairam a todas.*

> *Nas demais etapas trata-se de distribuição horizontal da competência* (CINTRA; GRINOVER; DINAMARCO, 2010, p. 254).

A competência funcional *horizontal*, por sua vez, ocorre nas situações em que diferentes órgãos, com o mesmo grau hierárquico, recebem atribuições distintas, no curso de um mesmo processo (WAMBIER; TALAMINI, 2016, p. 157). É o caso do incidente de inconstitucionalidade, em que a questão principal compete, em regra, ao Órgão Fracionário, ao passo que o tema da constitucionalidade é apreciado pelo Plenário ou pelo Órgão Especial.

Portanto, para estudar a competência perante o direito brasileiro, é preciso ter presente a estrutura dos órgãos judiciários brasileiros, entre os quais se distribui o exercício da jurisdição nacional (CINTRA; GRINOVER; DINAMARCO, 2010, p. 253).

Naquilo que interessa ao presente estudo, compete aos Tribunais Superiores exercer, em atividade mais visível à comunidade – especialmente por sua expressão numérica – controle de legalidade acerca da correta aplicação do direito pelos Tribunais locais nos casos em que julga. O controle de legalidade exercido pelo Superior Tribunal Justiça diz respeito à interpretação conferida pelas Cortes locais ao direito federal infraconstitucional, ao passo que o controle exercido pelo Supremo Tribunal Federal se relaciona à aplicação da Constituição Federal de 1988.

2.4. COMPETÊNCIA JURISDICIONAL E O DEBATE ACERCA DA MISSÃO E DA IDENTIDADE DAS CORTES DE VÉRTICE

A discussão acerca da competência dos Tribunais Superiores atrela-se, verdadeiramente, com o perfil, a missão e a identidade dessas Cortes de Vértice da estrutura judiciária brasileira.

Dizer que a competência desses Tribunais Superior tem vínculo com o exercício do controle de legalidade sobre a aplicação do direito pelos Tribunais locais não é afirmação acolhida em uníssono.

Há, de fato, visões diferentes, por vezes divergentes, a respeito do que seria a missão dos Tribunais de Cúpula.

2.4.1. Funções clássicas (nomofilática e uniformizadora) e funções contemporâneas (dikelógica e paradigmática)

Panoramicamente, Teresa Arruda Alvim e Bruno Dantas apontam que, ao longo dos tempos, há duas *funções fundamentais clássicas* que norteiam a apreciação dos recursos dirigidos aos Tribunais Superiores, que são a *função nomofilática* (ou *nomofiláquica*) e a *função uniformizadora*. Além das clássicas, há também *funções contemporâneas* (não previstas, que se revelaram com o dinamismo do exercício das atribuições jurisdicional), qualificadas por *função dikelógica* (razões de Justiça do caso concreto) e *função paradigmática*.

O esquema a seguir sintetiza a apresentação de Teresa Arruda Alvim e Bruno Dantas (2016, 308-327) para o escopo dos recursos dirigidos aos Tribunais de Cúpula:

Esquema 1 – Escopo dos recursos dirigidos aos Tribunais de Cúpula

Funções *clássicas*	*Nomofilática*	O interesse primário das partes em ver suas pretensões acolhidas se converte no veículo do interesse do Estado em controlar a aplicação do direito objetivo.
	Uniformizadora	Busca-se a uniformidade na aplicação e interpretação das regras e princípios jurídicos em todo o território submetido à sua vigência.
Funções *contemporâneas*	*Dikelógica*	*Dike* ("Justiça") e *Lógikos* ("relativo à razão"), função associada à busca de justiça no caso levado ao Tribunal, mediante a correta aplicação do direito; tutela do *jus litigatoris*. Mais visível em sistemas que consagram o poder do Tribunal de Cúpula para aplicar o direito à espécie, em vez que meramente cassar e reenviar os autos.
	Paradigmática	As decisões judiciais exercem relevante função na construção do direito, na versão final da norma, que significa orientação para os demais tribunais e pauta de conduta para os jurisdicionados.

2.4.2. A competência e a missão do Tribunal Superior para julgamento de casos ou fixação de teses

Acerca da competência dos Tribunais Superiores que, como afirmado, aproxima-se das possíveis funções a serem exercidas nos feitos que aportam da Corte (identidade ou razão de ser em sua atuação jurisdicional), a missão do Tribunal Superior, para Daniel Mitidiero, seria efetuar a pacificação do direito federal infraconstitucional, *fixando teses*.

É, portanto, Corte de Precedentes, que não deve se limitar a uma função reativa e de simples controle de juridicidade, isto é, que atua de modo particular e pontual, mas, lado outro, deve ter função proativa e de adequada interpretação da legislação infraconstitucional. A razão de ser dessas Cortes não é o controle do caso.

A decisão recorrida é apenas o ponto de partida para o desenvolvimento da sua função de outorga de unidade do Direito, mas o julgamento de casos constitui resultado secundário; é dizer, cuida-se de mero coadjuvante frente ao que se espera das Cortes de Vértice, que é a tarefa de dizer o significado da Constituição Federal e das Leis. Notem-se os trechos do pensamento do aludido autor nesse referencial:

> *(...) o Supremo Tribunal Federal e o Superior Tribunal de Justiça devem ser vistos como cortes* proativas *e de* adequada interpretação *da Constituição e da legislação infraconstitucional federal – cortes, portanto, que tomam a* decisão recorrida *como* ponto de partida *para o desenvolvimento da sua função de outorga de* unidade ao Direito, *isto é, de tutela do direito em uma dimensão geral* (MITIDIERO, 2017, p. 110).
>
> *(...)*
>
> *O caso concreto é julgado – o que não quer dizer, no entanto, que essas Cortes tenham a sua razão de ser no controle do caso. O julgamento dos casos mediante recurso extraordinário e recurso especial, porém, constitui um resultado secundário que coadjuva o resultado próprio esperado pela Constituição dessas Cortes: a decisão a respeito do significado do direito constitucional e do direito federal.*

> *O Supremo Tribunal Federal e o Superior Tribunal de Justiça são cortes em que prepondera a função de* nomofilaquia interpretativa *em detrimento do escopo de* controle da juridicidade *das decisões recorridas. E sendo função precípua do Supremo Tribunal Federal e do Superior Tribunal de Justiça a adequada interpretação da Constituição e da legislação infraconstitucional federal visando à unidade do Direito brasileiro, ressai daí que participa do núcleo-duro da sua função a formação de* precedentes *capazes de viabilizar a* cognoscibilidade do Direito *pelos demais tribunais e pela sociedade civil* (MITIDIERO, 2017, p. 111-112).

Para Georges Abboud, a missão do Superior Tribunal de Justiça é, primordialmente e por excelência, *julgar casos*, conforme determina a Constituição Federal.

A missão de analisar teses jurídicas não seria o papel definido ao Tribunal Superior sob a ótica da ordem constitucional, mas sim a de apreciar lides intersubjetivas. Eis o trecho que faz essa referência:

> *(...) diferentemente do que se tem apregoado, o STF e o STJ não são tribunais destinados a, tão somente, fixar teses jurídicas. As referidas Cortes Superiores têm a tarefa constitucional de decidir lides, isto é, resolver situações litigiosas de direitos subjetivos, seja no julgamento de recurso extraordinário pelo STF (CF 102 I1I), seja no julgamento de recurso especial pelo STJ (CF 105 III)*
>
> *O texto constitucional instituído pelo Poder Constituinte Originário estabeleceu expressamente a possibilidade de o STF e STJ decidirem efetivamente lides jurídicas. Nosso sistema constitucional não autoriza o entendimento de que referidos tribunais poderão tão somente julgar teses jurídicas como se, ao julgar lides intersubjetivas, estariam exercendo algo necessariamente secundário e acidental* (ABBOUD, 2017, p. 241-242).
>
> *(...)*
>
> *Por óbvio que não ignoramos a necessidade de o STF e o STJ uniformizarem entendimento sobre questões jurídicas de natureza constitucional e federal, respectivamente. O que não pode haver, venia concessa, é a minimalização da tarefa cons-*

> *titucional desses tribunais de rejulgamento de lides subjetivas, para atribuir-lhes a objetivação dos processos que se encontram a seu cargo, notadamente porque a Constituição Federal lhes imputou a obrigatoriedade de decidir lides, consoante expressa competência recursal estatuída, por exemplo, na CF 102 III e 105 III.*
>
> *Tanto isso é correto que há dois juízos nos recursos excepcionais: a) de cassação; b) de revisão. Quando reconhecem que a decisão recorrida ofendeu a Constituição (CF 102 III a) ou negou vigência à lei federal (CF 105 III a), cassam-na para, em seguida, proferirem juízo de revisão, que nada mais é do que a "aplicação do direito à espécie" (STF 456; RISTJ 255 § 5.º e CPC 1034), isto é, o julgamento do processo, a resolução da lide, do caso concreto, do direito subjetivo* (ABBOUD, 2017, p. 247).

2.4.3. Competência e o debate acerca de causas estruturais e culturais da chamada crise dos Tribunais Superiores

Osmar Mendes Paixão Côrtes aborda o tema da *crise dos Tribunais Superiores*, que tem, segundo ele, *causas estruturais* (a maioria das questões passa por uma análise de legislação federal) e *causas culturais* (hábito de recorrer diante da previsibilidade recursal). Sua leitura da questão lança luzes a respeito do perfil das Cortes Superiores:

> *Os Tribunais veem-se diante de um dilema – prioriza a função dos recursos e o respeito ao direito subjetivo de recorrer e manter intacta a estrutura tradicional da recorribilidade extraordinária ou mudar de rumo e reduzir o volume de processos em tramitação ainda que sacrificando em certa medida o papel originário das Cortes Superiores (2016, p. 18).*
>
> *O caminho que tem sido trilhado, pela jurisprudência e pela legislação, é o da opção pela redução de processos e purificação da função dos Tribunais em detrimento da prevalência do direito subjetivo de recorrer e da prestação caso a caso da jurisdição extraordinária* (2016, p. 18/19).

Piero Calamandrei, citado por Bruno Dantas e Teresa Arruda Alvim (2016, p. 309), dissertou em *La cassazione civile* (1920) que um recurso judicial tem dois objetivos:

O *primário*, mais visível, é derivado do interesse de quem recorre e, de maneira contingente, almeja obter uma situação da vida melhor do que aquela que advém da decisão judicial. O *secundário* é um interesse público, capitaneado pelo Estado em obter melhor interpretação do direito, e de prestigiar a correta aplicação da lei.

Observe-se, lado outro, que todos os recursos de natureza extraordinária têm o interesse público em primeiro lugar, mas o motor, ainda que mediato, é o interesse privado (PAIXÃO CORTES, 2016, p. 29).

2.4.4. Competência e o debate acerca das Cortes Reativas e Proativas (Michele Taruffo)

A leitura que o processualista italiano Michele Taruffo faz a respeito do perfil das Cortes Superiores tem muito vínculo com esse ponto.

E, a exemplo do Brasil, o pensador alerta para a existência de situações anômalas na Itália, involução e crises sistêmicas na *Corte di Cassazione*, chegando a dizer que esta Corte, mesmo depois de reformas, mais se parece um *ornitorrinco* (metáfora da dificuldade de reconhecimento da identidade, isto é, se é um peixe, um réptil, um mamífero, uma ave[4]) (TARUFFO, 2013, p. 139).

Em seu artigo *As funções das Cortes Supremas: aspectos Gerais*, traduzido ao português em 2013 por Daniel Mitidiero (2013, p. 117-139), Michele Taruffo aponta classificação das Cortes Superiores, que seria tipologia, modelo, feições que podem assumidas pelos chamados Tribunais de Vértice.

4. A título de curiosidade, o ornitorrinco é um mamífero frequentemente encontrado na Austrália, cuja fêmea põe ovos. Possui bico semelhante ao do pato, pele de lontra e cauda semelhante ao do castor. Os machos possuem esporão venenoso, não letal a adultos. Vive bem em terra firme e na água. Tem hábitos noturnos. Alimenta-se de crustáceos, pequenos peixes e insetos.

A aludida classificação residira na distinção entre *Cortes Reativas* e *Cortes Proativas.*

Na visão deste destacado pensador da processualística, enquanto as Cortes Reativas se vinculariam ao exercício do controle de legalidade acerca daquilo que se considera a correta aplicação a respeito da lei, isto é, tutelando a legalidade ao mesmo tempo em que atende a um reclamo da parte, cumprindo função privada, as Cortes Proativas se dirigiriam a selecionar e examinar casos considerados significativos para a realização do direito.

Com isso, se reforçaria a *função pública* das Cortes Proativas, destinadas a desenvolver o direito – na visão de Taruffo. O caso a ser julgado é aquele revestido de questões de direito de fundamental importância, que tenham relevância supraindividual, que possam proteger e promover valores democráticos.

Para este autor, alguns instrumentos são identificadores do caráter proativo do Tribunal de Vértice: a seleção de casos aos quais decidirá ocupar-se é um exemplo.

Além de conferir-se autoridade para determinar os casos sucessivos, a própria circunstância de se debruçar sobre limitados casos pressupõe a força vinculativa de promover o direito e direcionar para o futuro as suas afirmações (caráter constitutivo do direito). A ideia é de prospecção e alta avaliação da *ratio decidendi*, que são os elementos históricos, políticos, econômicos que, associados aos tópicos jurídicos, compõem a fundamentação crucial para a decisão.

No caso das Cortes Reativas, não se prestigia a ideia de *writ of certiorari*, que é justamente a seleção de casos considerados relevantes para análise. Noutra banda, a reatividade é sinalizada pela *nomofilaquia*[5], desempenhada pela prática de proteger a legalidade contra erros praticados pelas chamadas Instâncias Ordinárias.

---

5. Conforme explica Julio Guilherme Müller, em artigo publicado na RePro, *esta expressão é derivada de duas palavras gregas, nomos (lei) e pylasso (guarda), e passou a ser utilizada de forma mais abrangente a partir da obra La Cassazione Civile, de Calamandrei, publicada em sua primeira edição em 1920* (MÜLLER, 2014, p.148). Teresa Arruda Alvim e Bruno Dantas também enunciam a origem do termo, designando-o como *proteção da letra da lei* (2016, p. 289).

A competência do Tribunal Superior, nesse caso, é determinada pelo poder de uma autoridade judiciária anular, cassar, revogar, tornar prejudicado, reformar, restabelecer, modificar no todo ou parcialmente e interpretar o que foi decidido pelas autoridades predecessoras.

Por isso, é muito enfatizada a parte dispositiva, aquela chamada de veredictiva, ou que estabelece a solução final sobre o respeito ou não pelo Tribunal de origem frente à lei. Por ser eminentemente corretiva, trata-se de função voltada para o passado (declarativa do direito).

A seguinte tabela sintetiza as características das Cortes de Vértice segundo Michele Taruffo:

Esquema 2 – Classificação das Cortes a partir de Michele Taruffo

Cortes Reativas	Cortes Proativas
Tutela da legalidade = Tutela da parte	Desenvolvimento do direito
Controle de legitimidade, isto é, verificação da correta aplicação das leis nos casos concretos decididos pelos juízes das Instâncias Ordinárias	Atuação como Corte *Suprema*, qualificador entendido como Tribunal de vértice, responsável por direcionar ao futuro as suas afirmações
Proteção do interesse da parte frente a interpretações consideradas equivocadas pelos Tribunais ordinários	Proteção e promoção dos valores essenciais do sistema democrático
Exame do caso individual	Exame de casos considerados significativos para a realização do direito
Função privada	Função pública (orientar decisões futuras sobre problemas de relevância jurídica supraindividual)
Voltada para o passado	Preocupação com o que está por vir
Função corretiva (ênfase à parte dispositiva)	Função prospectiva (ênfase à *ratio decidendi*) – tendência à ***objetivação*** em controle difuso

Esquema 2 – Classificação das Cortes a partir de Michele Taruffo

Reforço à ideia de ***nomofilaquia*** (proteção à lei, tutela da legalidade) e de ***writ of error***. O caso a ser julgado é o caso que minimamente ultrapassou o exame admissibilidade Binário direito de a parte recorrer corresponde ao dever do tribunal de dar uma resposta	Reforço à ideia de ***writ of certiorari*** (seleção dos recursos aos quais decide ocupar-se). O caso a ser julgado é aquele revestido de questões de direito de fundamental importância. direito de recorrer ≠ direito de obter resposta
Corrigir a interpretação dada a lei pelos Tribunais ordinários	Conferir unidade ao direito; instrumentos: - decisões com força para determinar casos sucessivos ("precedente") - circulação de direito estrangeiro (postulados e argumentos) - seleção de casos
A ***prodigalidade de julgados*** é o que confere a autoridade.	A autoridade emana dos ***poucos casos que julga*** (força inversamente proporcional ao número)
Vinculatividade suposta	Vinculatividade pressuposta (eficácia ou força do pronunciamento; relevância)
Caráter ***declarativo*** do direito Pedido de desistência do recurso interposto = encerramento processual	Caráter ***constitutivo*** do direito. Pedido de desistência recursal = prosseguimento do caso O pedido de desistência é interpretado como ato de má-fé, como se a parte pretendesse manipular a jurisprudência

Michele Taruffo, em seus estudos de direito processual comparado, aponta para linha de tendência que *parece mover-se da função tradicional de tutela da legalidade (ou de nomofilaquia), no sentido principalmente reativo de controle de legitimidade das decisões dos casos específicos, para a função proativa de desenvolvimento da legalidade em sentido dinâmico e orientado para o futuro, isto é, de participação ativa no plano geral do movimento de evolução do direito* (TARUFFO, 2013, p. 136).

Para Taruffo, é natural que uma Corte, como as duas faces de uma moeda, tutele reativamente a legalidade e desenvolva proativamente a legalidade. Para o processualista, pode ocorrer *sejam reprimidas violações ao direito sem se pensar no futuro ou que se possa configurar uma função proativa cujo exercício não dependa de violações específicas à legalidade já verificadas* (TARUFFO, 2013, p. 120).

De qualquer modo, essa classificação, embora possa estar sujeita a falseamento, tem altíssimo préstimo, na medida em que permite, ao serem observadas as diferentes conformações das Cortes em suas táticas para organizar a movimentação dos processos, que seja possível ver os indicativos de que se está diante duma Corte reativa ou proativa. Essa visualização é facilitadora, portanto, da identificação do papel a que está a desempenhar.

2.5. COMPETÊNCIA E APROXIMAÇÃO INICIAL AOS PONTOS DO JUÍZO DE ADMISSIBILIDADE E DO JUÍZO DE EXCEPCIONALIDADE

Postas estas premissas teóricas e para a finalidade desta pesquisa, afirme-se que, ao outorgar aos Tribunais de origem exercer o juízo de admissibilidade dos recursos de natureza extraordinária, a lei processual estabeleceu uma competência, que, de alguma forma, terá influência ou comunicação com a acessibilidade que os litigantes tem à apreciação dos recursos de natureza extraordinária – Recursos Especial e Extraordinário.

O juízo de admissibilidade tem reflexos decisivos no caso de pretensões recursais atreladas ao *juízo de excepcionalidade*, postulado em situações nas quais a parte demanda, por argumentação de excesso ou irrisoriedade, a alteração de *quantum* fixado pelas Instâncias Ordinárias em temas processuais como sanção por improbidade administrativa, indenização por dano moral e verba honorária de Advogado.

São duas competências que – segundo a hipótese suscitada no presente estudo – não se imiscuem.

O juízo de admissibilidade procede à análise provisória das condições gerais do Recurso Especial, tanto nos aspectos de forma quanto nos de fundo, ainda que em manifestações provisórias. Mas parece não ter competência – segundo a tese ora lançada – para dizer, mesmo que provisoriamente, sobre o tema da *eventual situação excepcional*, pois apenas a Corte Superior de destino está apta a fazê-lo, porquanto ela mesma desenvolveu a competência para – a partir de sua reação e revisão do caso concreto – dizer se há ou não hipótese de desproporção.

O juízo de excepcionalidade, conforme se verá no capítulo próprio, é competência que o Superior Tribunal de Justiça *desenvolveu* ao longo dos tempos.

O emprego do verbo *desenvolver* na pretérita afirmação não é aleatória ou casual, porque, como visto, trata-se de temática que diz respeito ao pensamento de Michele Taruffo acerca do perfil das Cortes de Vértice.

No entanto, note-se a distinção: no presente estudo, o emprego do verbo pode ser rotulado como crítica à linha de classificação de Taruffo. É que, para o pensador italiano, como visto, o caráter proativo das Cortes Superiores é o que daria o tom de desenvolvimento do direito, a partir de seleção de casos considerados importantes para a reflexão jurídica e tendo em vista perspectiva futura. Não se cuidaria tão somente de pretensões individuais, tutelando-se o interesse da parte em reação a interpretações erradas que os Tribunais locais conferem à lei, mas se prestigiariam questões de ressalto para o porvir, segundo interesse da coletividade – é a tipologia das Cortes Proativas.

Porém, a pesquisa presente identifica que a competência engendrada pelo Superior Tribunal de Justiça acerca do *juízo de excepcionalidade* foi – e continua sendo – circunstância para o *desenvolvimento do direito* em sua função e *vertente reativa* (e não proativa, como se esperaria da tese do processualista da Lombardia), pois viabilizou, nos múltiplos e constantes casos concretos que se tomaram lugar na Corte Superior, estabelecer-se importante linha de compreensão diretiva, para vindouros feitos contendo pretensão símile, de que há possibilidade (diz-se aqui a *contingência filosófica*) de se alterar o *quantum* assentado pelo Tribunal de origem em situações de desproporcionalidade, estas que são aferidas em específico, caso a caso, verificando as equivocadas interpretações dadas pelas Cortes de origem às leis regentes do tema de fundo (a alegação contida no Recurso Especial de violação ao art. 12 da Lei de Improbidade, por exemplo, que prevê a dosimetria das sanções).

3.

O JUÍZO DE ADMISSIBILIDADE DO RECURSO ESPECIAL E O JUÍZO DE EXCEPCIONALIDADE

3.1. *O JUÍZO DE ADMISSIBILIDADE DO RECURSO ESPECIAL*

O juízo de admissibilidade do Recurso Especial tem imediata aproximação com o que se conhece por *pressupostos extrínsecos de admissibilidade recursal*.

Para que o Juiz possa debruçar-se sobre o mérito da controvérsia submetida a apreciação, é preciso antes saber se o processo está revestido do portfólio de elementos formais que assegurem ter o caderno processual sido conduzido segundo a liturgia procedimental prevista na lei. Essa providência tem o objetivo de estabelecer que o processo judicial exista, seja constituído validamente e permita que a partes exerçam legitimamente o direito de ação.

Os itens formais dizem respeito, comumente, à veiculação do recurso judicial dentro do prazo legal. Antes disso, busca-se averiguar se o recurso é cabível para promover a sublevação frente ao julgado que se pretende ver alterado (é comum ver-se a interposição de Recurso Especial contra decisão monocrática de Relator de Tribunal). Também é necessário verificar se a insurgência está adequadamente apresentada, isto é, se contém articulação lógica de fatos, argumentos e pedido final de cassação e/ou revisão, com indicação do dispositivo de lei federal que se entende por violado pelo julgado recorrido. A parte recorrente precisa estar regularmente representada por Advogado, que deve, por igual, estar devidamente em condições de exercer a profissão. Nos casos em que são exigidos, a súplica deve contar com o pagamento da taxa judiciária, as eventuais despesas postais de envio e retorno dos autos (tendencialmente em extinção com o advento do processo eletrônico), o depósito recursal, este último em voga na Justiça do Trabalho (MOREIRA, 2012, p. 116-119).

Também é de se registrar que o Recurso Especial é analisado em termos mais refinados como a obediência da matéria federal ao duplo grau de jurisdição (comumente chamado prequestionamento) e, em termos mais atuais, a existência de matéria repetitiva já julgada pelos Tribunais Superiores ou eventual necessidade de sobrestamento para aguardo de soluções multiabrangentes ulteriores.

Portanto, o referido estágio de verificação formal dos recursos é a atividade, por excelência, da fase admissional a que os recursos são frequentemente submetidos.

Na tradição da processualística brasileira, a fase admissional já é instaurada perante a autoridade de origem, isto é, naquela em que foi emitida a decisão que se pretende reformar. É ela que, logo ao receber o recurso, providencia a análise das referidas questões genéricas.

No regime do Código de Processo Civil de 1973 e com o advento da Constituição Federal de 1988, o Recurso Especial, antes de aportar na Corte de destino, qual seja, o Superior Tribunal de Justiça, é submetido ao exame admissional. Com efeito, o art. 542 da codificação de 1973, revogado pela Lei 13.105/2015, previa que, *recebida a petição pela secretaria do tribunal, será intimado o recorrido, abrindo-se-lhe vista, para apresentar contrarrazões. Findo esse prazo, serão os autos conclusos para admissão ou não do recurso, no prazo de quinze dias, em decisão fundamentada.* O Recurso Especial é interposto perante a Presidência ou Vice-Presidência do Tribunal de origem (art. 541).

Se a Presidência – ou outro órgão designado por Regimento Interno do Tribunal recorrido – entender que o recurso reúne os elementos formais, admitirá a insurgência. É costumeiro dizer que foi *deferido o processamento* ou *conhecido*. Esse deferimento é provisório, pois a autoridade destinatária do recurso afirmará definitivamente sobre a procedibilidade da pretensão recursal, pois a ela compete *julgar* o Recurso Especial, expressão que compreende todos os aspectos que lhe são circundantes.

Portanto, o juízo de admissibilidade antecede o *exame de mérito*, que será efetuado pela Corte de destino. A autoridade competente para analisar o recurso estará apta a confirmar ou não a admissibilidade proveniente do Tribunal cuja decisão recorrida tem nascedouro.

A assertiva de que o exame admissional se limita a questões formais do recurso reside numa observação da lei e da lógica.

A lei, primordialmente, é a Constituição Federal de 1988, que, em seu art. 105, inciso III, assinala a competência do Tribunal Superior para julgar Recurso Especial nas hipóteses em que esta Corte verificar uma ou algumas das ocorrências descritas na previsão normativa:

> *III - julgar, em recurso especial, as causas decididas, em única ou última instância, pelos Tribunais Regionais Federais ou pelos tribunais dos Estados, do Distrito Federal e Territórios, quando a decisão recorrida:*
>
> *a) contrariar tratado ou lei federal, ou negar-lhes vigência;*
>
> *b) julgar válido ato de governo local contestado em face de lei federal;*
>
> *c) der a lei federal interpretação divergente da que lhe haja atribuido outro tribunal.*

A lógica de que a admissibilidade dos Tribunais está cifrada aos aspectos genéricos da insurgência especial reside no fato de que o recurso é direcionado a uma instância posterior e *superior*, no sentido de que o seu pronunciamento tem capacidade de substituir a decisão recorrida, a partir do poder que, sistemicamente, se conferiu à autoridade judiciária para cassar ou alterar, no todo ou em parte.

Na primeira edição do Código de Processo Civil de 2015, o juízo de admissibilidade dos Tribunais recorridos foi completamente abolido. Todo o exame que competiria ao Tribunal de origem estaria a cargo da Corte de destino do Recurso Especial.

A redação originária do chamado Código Fux estabelecia que, recebida a petição do recurso pela secretaria do tribunal, o recorrido será intimado para apresentar contrarrazões no prazo de 15 (quinze) dias, findo o qual os autos serão remetidos ao respectivo tribunal superior. A remessa dar-se-á independentemente de juízo de admissibilidade (art. 1.030, *caput* e parágrafo único).

Mas, ao temor de que o Superior Tribunal de Justiça e o Supremo Tribunal Federal teriam sobrecarga à já volumosa distribuição diária de novos feitos, o sistema bifásico de admissibilidade foi restaurado após a publicação da codificação de 2015, com o advento da Lei 13.256/2016.

O direito processual, como tecnologia, se apura ao longo dos tempos. Realiza uma dinâmica, como frequentemente acontece com a evolução de qualquer área de conhecimento.

3.1.1. Concepção do juízo de admissibilidade e a metáfora da pupila

Inicialmente, o juízo de admissibilidade foi concebido para atender a questões formais do Recurso Especial, tais como a tempestividade da insurgência, efetuação do pagamento de preparo por meio da correta Guia de Recolhimento da União, a representatividade das partes por Advogado legalmente constituído, a existência de pedido recursal e sua adequação estilística com a técnica esperada para um recurso dirigido a Cortes Superiores (apontamento pretensão de violação a texto de lei federal infraconstitucional).

O que é crucial notar, no ponto referente à adequação formal do pedido recursal, é que o juízo de admissibilidade, numa espécie de dinâmica operada como experiência compartilhada entre os Tribunais Estaduais e Federais, passou a analisar tópicos referentes ao próprio mérito do recurso, em uma sorte de antecipação de desfecho, que até a atualidade é causa de inconformação pelas partes, por intermédio de seus Advogados.

Tópicos como prequestionamento (submissão da questão federal ao duplo grau de jurisdição) e a verificação de conteúdo, isto é, se o recurso tem estatura argumentativa para evidenciar – ou não – a ocorrência de violação a lei federal, tornaram-se elemento constante nos despachos de admissibilidade advindos da Presidência dos Tribunais.

Isso tem sido causa de severo reproche pelas partes recorrentes, que consideram intervenção excessiva do Órgão responsável pelo exame, sem que, contudo, tenha previsão justificadora no Código de Processo Civil.

A partir de frequentes informes noticiários e manifestações de autoridades, formou-se, em tudo o que circunda o Superior Tribunal de Justiça, a imagem referencial[6] de que há uma Corte com extrema sobrecarga de trabalho, tendo que administrar o trâmite e apreciar uma *avalanche de processos advindos de todo o Brasil*. Note-se:

> *Presidente do STJ anuncia medidas para acelerar análise de processos*
>
> *2016-12-05 14:53:00*
>
> *(...)*
>
> *Avalanche*
>
> *Laurita Vaz salientou a "avalanche de processos" que chegam todos os anos ao STJ. Em 2016, a corte já recebeu 315 mil novos casos, com previsão de chegar a 335 mil até o fim do ano. Em média, são cerca de 1.300 processos por dia, como recursos especiais e agravos em recursos especiais.*
>
> *Apesar dos números positivos alcançados, a presidente do STJ disse que "não há muito o que comemorar" por causa de um "claro desvirtuamento da função institucional" da corte.*

---

6. Circula certa ideia ou visão entre servidores e operadores do direito em geral de que, se alguém labora, por exemplo, no Superior Tribunal Militar (órgão de segunda e última instância), tem determinado ritmo de trabalho e demanda, ao passo que, se é do Superior Tribunal de Justiça ou do Supremo Tribunal Federal, a demanda de trabalho é vista como elevada, aumentada, acentuada em termos de alcance de metas e objetivos. Essas diferenças chegaram a transbordar a simples visão simbólica, tendo sido criada Comissão no Conselho Nacional de Justiça para abolir a Justiça Militar: https://www.conjur.com.br/2013-abr-05/stm-reage-instalacao-comissao-cnj-avaliar-relevancia, acesso em 11.02.2018, às 12:08.

> *Para a ministra, o STJ se ocupa muito mais em resolver casos do que teses, "o que tem provocado irreparáveis prejuízos à sociedade", notadamente porque essa situação impõe ao jurisdicionado "uma demora desarrazoada para a entrega da prestação jurisdicional".*
>
> (http://www.stj.jus.br/sites/STJ/default/pt_BR/Comunica%C3%A7%C3%A3o/noticias/Not%C3%ADcias/Presidente-do-STJ-anuncia-medidas-para-acelerar-an%C3%A1lise-de-processos , acesso em 11.02.2018, às 12:10)

Este referencial – caracterização imagética de que há avalanche de processos rumo às Cortes Superiores – é reproduzido como se consubstanciasse o sintoma de uma estrutura comprometida, ou de uma doença, isto é, a circunstância de as Cortes Cupulares, como o Supremo Tribunal Federal, terem que julgar *de planos econômicos a briga de cachorros*[7].

Já há vozes que redundaram em tramitação legislativa para criar "filtros" à admissibilidade do Recurso Especial, no qual, à exemplo do que já é vigente para o Recurso Extraordinário – este dirigido à Suprema Corte –, *o recorrente deverá demonstrar a relevância das questões de direito federal infraconstitucional discutidas no caso, nos termos da lei, a fim de que o Tribunal examine a admissão do recurso, somente podendo recusá-lo pela manifestação de dois terços dos membros do órgão competente para o julgamento.*

Esta é a ementa da Proposta de Emenda Constitucional 10/2017, em trâmite no Senado Federal (PEC 209/2012 na Câmara dos Deputados)[8].

Enquanto mecanismos de controle de acessos de feitos à Corte Superior são cogitados e, mesmo que eventualmente propostos às instâncias legislativas, ainda não se tenham tornado, por ora,

7. https://veja.abril.com.br/politica/a-avalanche-de-processos-que-trava-o-tribunal-mais-importante-do-pais/, acesso em 11.02.2018, às 16:30.

8. http://www25.senado.leg.br/web/atividade/materias/-/materia/128403 , acesso em 11.02.2018, às 16:45.

prática efetiva, o juízo de admissibilidade efetuado pelos Tribunais de origem é havido como o estuário para exercício do controle de trâmite de insurgências endereçadas ao Superior Tribunal de Justiça.

A expressão *filtros*, utilizada quando se aborda o tema da admissibilidade de recursos de natureza extraordinária – Recursos Especial, Especial Eleitoral, de Revista, Extraordinário –, retoma, em larga medida, a *metáfora da pupila*: a partir das constantes notícias de que há quantia elevada de processos endereçada às Cortes Superiores, os numerosos feitos são comparados a um *feixe de luz muito intenso e brilhante*, que é capaz de *ofuscar a visão, talvez até mesmo de danifica-la* (a ideia de *desvirtuamento da função institucional*, acima referenciada), razão pela qual o estreitamento do acesso à luz é reputado uma proteção, ou blindagem preventiva.

Consequentemente, a criação de filtros atuaria na qualidade de *estreitamento da pupila*, que, no corpo humano, age por excelência nessa situação de *excesso luminoso*: limita-se o acesso à luz para que, assim, seja possível enxergar. Paradoxalmente, é no procedimento de limitação da visão que se franqueia o sentido da visão; vê-se o mundo por meio do filtro da pupila, a partir dele, mas apesar dele.

Contudo, se o que a pupila faz é um *ato de acesso limitado*, o que o humano consegue enxergar não é exatamente *o real*, mas *o real segundo o estreitamento da luz*; portanto, não é o mundo real, mas algo criado, podendo-se até dizer fictício, pois *o que é* verdadeiramente no mundo natural é muito mais claro e brilhante *do que aquele um que se* apresenta ao sentido. Assim, filosoficamente dissertando, a única coisa real é o gesto de estreitamento da visão.

A visão do homem, em si, seria aquilo que o órgão permite ver, isto é, na medida do que se franqueia acesso; *ver com ele e a partir dele, mas apesar dele.*

Em termos de acesso à justiça, o juízo de admissibilidade estaria aproximado, nesse contexto, ao gesto pupilar de promover trânsito do caso ao conhecimento da autoridade julgadora, porém de maneira limitada e especialmente ciente de uma potente origem de feixes constantemente emitidos (muitos processos ao aguardo do exame admissional), o que pode demarcar a predisposição do órgão – *expressão aí entendida como paralelismo entre o sistema de visão e o sistema judiciário recursal extraordinário* – em manter-se em inarredável estado de alerta, em constante situação de abertura tendencialmente limitada, pequena, apto a pouco permitir o tráfego de processos – unidades de *lúmens* e unidades judiciais, insista-se na alegoria.

3.1.2. Feição do juízo de admissibilidade nos Códigos de 1973 e de 2015

A propósito desse tópico de acessibilidade ao Tribunal Superior, este que é, ao fim e ao cabo, o debate central do presente estudo, em pesquisas com fontes primárias junto ao Superior Tribunal de Justiça, verificou-se que a Secretaria Judiciária desta Corte Superior iniciou, em março 2016, um trabalho de indexação dos processos que adentram o Tribunal, de modo a identificar o seu perfil temático.

Pretendeu-se obter, perante a repartição e em refinamento de pesquisa, os dados acerca dos processos, cujo Recurso Especial tratasse dos temas de sanções por improbidade administrativa, de indenização por dano moral e de honorários advocatícios de sucumbência. Essa demanda visa à compreensão do volume de processos referentes à matéria de fundo que este estudo focaliza.

Para tanto, solicitou-se a busca, nos sistemas internos, dos itens que contivessem a indexação das seguintes referências legislativas (noutras palavras, os dispositivos de lei federal invocados pelo recorrente como violados pelo julgado recorrido): para as sanções por improbidade administrativa, o art. 12, *caput*, Lei 8.429/1992; para indenização por dano moral, os arts. 186 e 927 do Código Civil de 2002; para honorários advocatícios, o art. 20, §4º do Código de Processo Civil de 1973.

Os quantitativos dos feitos (Recurso Especial e Agravo em Recurso Especial) foram os seguintes:

Tabela 1 – Quantitativo de processos que tramitam no STJ (fev/2018), por temas específicos

Tema	Indexação legislativa	Quantitativo
Improbidade administrativa	Art. 12 da Lei 8.429/1992	669
Dano moral	Arts. 186 e 927 do CC/2002	25.321 / 21.282
Honorários advocatícios	Art. 20, § 4º, do CPC/1973	11.699

Fonte: Secretaria Judiciária – Superior Tribunal de Justiça

A pesquisa nos sistemas internos foi realizada em fevereiro de 2018, considerando o trabalho efetuado pela Secretaria Judiciária do Superior Tribunal de Justiça a partir de março de 2016, em ordem a promover a indexação legislativa dos processos. Informe-se que, no caso da indenização por dano moral, a inclusão de dois números nessa pesquisa diz respeito aos Recursos Especiais que apontaram violação ao art. 186 do Código Civil de 2002 e/ou ao art. 927 da referida codificação.

Cumpre registrar que os referidos números constituem um retrato dos processos em tramitação sobre os temas em referência no mês de fevereiro de 2018. Ademais, nas planilhas fornecidas, é possível dessumir que nem todos os processos necessariamente tratam de pedido de alteração de *quantum*, sobretudo no ponto da indenização por dano moral, uma vez que os dispositivos que regem a questão são abrangentes. A pesquisa é indiciária de volume processual, embora, no caso de sanções por improbidade, seja certo que pedir o reconhecimento de violação do art. 12 da Lei 8.429/1992 é pretender a modificação das reprimendas aplicadas, uma vez que o dispositivo enclausura inteiramente o debate acerca da dosimetria.

Pode ocorrer repetição de processos (indenização e honorários, principalmente). É rara a associação de processos com os temas de honorários e sanções por improbidade, porque só há aplicação da verba de sucumbência no caso de promoção de lide com má-fé (art. 18 da Lei 7.347/1985.

Mesmo que doutrinariamente se saiba que o juízo de admissibilidade foi criado como *juízo provisório*, que *não vincula o órgão de destino* (OLIVEIRA, 2008, P. 93), a tese que aqui se levanta trilha por outros caminhos: quando se está a invocar um juízo de excepcionalidade, no que concerne especialmente tema de balanceamento de reprimendas, de valor indenizatório, de remuneração de Advogado, referidas questões só parecem estar extraídas de qualquer manifestação da Presidência do Tribunal de origem (obliteração do juízo de admissibilidade) por um ponto relativo à *contingência* e à *competência*: como saber – apenas a apreciação pelo Órgão Julgador competente dirá – se aquela situação que se está a enfrentar é, ou não, hipótese excepcional, apta a justificar a alteração das conclusões do Tribunal recorrido?

Ademais, quando o juízo de admissibilidade é negativo, demanda-se da parte a interposição de recurso para que, à força, os autos aportem na Corte Superior.

O desate de prazo para a interposição do recurso de Agravo nos Próprios Autos expõe a parte a incertezas – pode-se até mesmo dizer *expõe a contingência*, para usar expressão cara a este estudo –, que podem ser assim ilustradas de dois modos.

Primeiramente, há necessidade de que a relação Advogado/Parte patrocinada esteja adequadamente constituída, vigorante, assertiva. A deterioração da relação contratual entre Advogado e parte pode resultar em prejuízos para a continuidade da causa e para o atendimento da crucial fase de recurso. Desavenças, divergências, não pagamento de honorários contratuais pela parte, por exemplo, podem implicar encerramento do contrato de patrocínio. Negligência/inexperiência do profissional pode acarretar inércia em tempo recursal apropriado, ou intervenção extemporânea, tudo isso por ocasião do juízo negativo conferido ao Recurso Especial.

Em segundo lugar, a estrutura que permeia a recorribilidade do juízo negativo de admissibilidade Agravo se complexificou sobremaneira com o advento do Código de Processo Civil de 2015, diploma este que, em seu art. 1.030, autorizou à Presidência da Corte obstar o prosseguimento do Apelo, porventura haja entendimento firmado pelo Tribunal Superior em matéria considerada repetitiva, hipótese em que a parte deve valer-se, primeiramente, do Agravo Interno para o Colegiado a que estão submetidas as decisões da Presidência/Vice-Presidência, de modo a evidenciar que a sua pretensão está desertada do tema julgado em sede repetitiva. Nesse caminhar, o art. 1.030 do chamado Código Fux conta com a seguinte redação, em comparação com o diploma revogado:

Esquema 3 – Comparativo do juízo de admissibilidade entre as codificações de 1973 e 2015

Código de Processo Civil – 1973	Código de Processo Civil – 2015
Art. 542. Recebida a petição pela secretaria do tribunal, será intimado o recorrido, abrindo-se-lhe vista, para apresentar contra-razões. § 1º Findo esse prazo, serão os autos conclusos para admissão ou não do recurso, no prazo de 15 (quinze) dias, em decisão fundamentada. (...) Art. 544. Não admitido o recurso extraordinário ou o recurso especial, caberá agravo nos próprios autos, no prazo de 10 (dez) dias.	Art. 1.030. Recebida a petição do recurso pela secretaria do tribunal, o recorrido será intimado para apresentar contrarrazões no prazo de 15 (quinze) dias, findo o qual os autos serão conclusos ao presidente ou ao vice-presidente do tribunal recorrido, que deverá: I – negar seguimento: a) a recurso extraordinário que discuta questão constitucional à qual o Supremo Tribunal Federal não tenha reconhecido a existência de repercussão geral ou a recurso extraordinário interposto contra acórdão que esteja em conformidade com entendimento do Supremo Tribunal Federal exarado no regime de repercussão geral; b) a recurso extraordinário ou a recurso especial interposto contra acórdão que esteja em conformidade com entendimento do Supremo Tribunal Federal ou do Superior Tribunal de Justiça, respectivamente, exarado no regime de julgamento de recursos repetitivos; II – encaminhar o processo ao órgão julgador para realização do juízo de retratação, se o acórdão recorrido divergir do entendimento do Supremo Tribunal Federal ou do Superior Tribunal de Justiça exarado, conforme o caso, nos regimes de repercussão geral ou de recursos repetitivos;

Esquema 3 – Comparativo do juízo de admissibilidade entre as codificações de 1973 e 2015

Código de Processo Civil – 1973	Código de Processo Civil – 2015
Art. 544. Não admitido o recurso extraordinário ou o recurso especial, caberá agravo nos próprios autos, no prazo de 10 (dez) dias.	III – sobrestar o recurso que versar sobre controvérsia de caráter repetitivo ainda não decidida pelo Supremo Tribunal Federal ou pelo Superior Tribunal de Justiça, conforme se trate de matéria constitucional ou infraconstitucional; IV – selecionar o recurso como representativo de controvérsia constitucional ou infraconstitucional, nos termos do § 6º do art. 1.036; V – realizar o juízo de admissibilidade e, se positivo, remeter o feito ao Supremo Tribunal Federal ou ao Superior Tribunal de Justiça, desde que: a) o recurso ainda não tenha sido submetido ao regime de repercussão geral ou de julgamento de recursos repetitivos; b) o recurso tenha sido selecionado como representativo da controvérsia; ou c) o tribunal recorrido tenha refutado o juízo de retratação. § 1º Da decisão de inadmissibilidade proferida com fundamento no inciso V caberá agravo ao tribunal superior, nos termos do art. 1.042. § 2º Da decisão proferida com fundamento nos incisos I e III caberá agravo interno, nos termos do art. 1.021.

Noutras palavras, o momento processual que se estabelece tão logo efetuado o juízo negativo de admissibilidade *exige precisão técnica do patrono*[9], de modo a enquadrar a situação dos autos na *fattispecie* indicada no art. 1.030.

Em terceiro lugar, o Agravo nos Próprios autos, a propósito do tema da precisão técnica, demanda a necessária submissão à forja de absolutamente todos os fundamentos da decisão agravada (*despacho* de inadmissibilidade)[10]. Além disso, deve utilizar-se de clareza expositiva que permita adequada compreensão da controvérsia.

Isso decorre do fato de que substancial quantia de Agravos que atraca no Superior Tribunal de Justiça tem sua cognoscibilidade barrada pelos enunciados de números 182/STJ e 284/STF das respectivas Súmulas de Jurisprudência, que assim dispõem:

---

9. Em reiterados exemplares, o Superior Tribunal de Justiça considera *erro grosseiro* a oposição de Embargos de Declaração contra a decisão que efetua o juízo de admissibilidade do Recurso Especial. Nessas situações, havendo rejeição dos aclaratórios, a Corte considera que *não se opera o efeito de interrupção do prazo* para ulteriores insurgências, razão pela qual o Agravo em Recurso Especial de que a parte lança mão para chegar à Instância Superior é considerado intempestivo, sendo, então, o fim da linha para a parte que pretendia alçar o debate ao Tribunal de Superposição. Na sessão de 19.06.2018, a Primeira Turma do STJ, no AgInt no AREsp 1.062.519/SP, Rel. Min. Sérgio Kukina, enfrentou a referida questão e, por maioria de votos, vencido o Ministro Napoleão Nunes Maia Filho, concluiu que o Agravo da parte era intempestivo, justamente porque a parte opôs Embargos de Declaração contra o exame admissional negativo de Recurso Especial. Apesar de o voto vencido ter assinalado que *os Embargos de Declaração não beneficiam a parte, sendo, em verdade, contribuição que se dá ao aperfeiçoamento da prestação jurisdicional*, o referido argumento não sensibilizou os demais Julgadores, que abonaram a tese de erro grosseiro. Referido caso ilustra que não se pode submeter o tema à simples noção de que, *se a Presidência indeferir o REsp, a parte interpõe o Agravo*. Essa transposição de um Tribunal a outro é complexa e exige precisão técnica do patrono.

10. A Corte Especial do Superior Tribunal de Justiça, na sessão de julgamento de 19.09.2018, referendou a compreensão de que a parte deve impugnar, em Agravo em Recurso Especial, todos – e não apenas um ou alguns – fundamentos da decisão agravada, para que o AREsp seja ao menos conhecido, para além dos demais requisitos de admissibilidade. Julgamento do EAREsp 746.775/PR, conforme publicado na página eletrônica do Tribunal.
www.stj.jus.br/sites/STJ/default/pt_BR/Comunicação/noticias/Notícias/AREsp:-Corte-Especial-mantém-necessidade-de-impugnação-de-todos-os-fundamentos-da-decisão-agravada, acesso em 21.09.2018.

> *É inviável o Agravo do art. 545 do CPC que deixa de atacar especificamente os fundamentos da decisão agravada.*[11]
>
> *É inadmissível o recurso extraordinário, quando a deficiência na sua fundamentação não permitir a exata compreensão da controvérsia.*[12]

A partir dos dados fornecidos na Tabela 1, é possível saber o quantitativo de Agravos do total daquela busca de feitos:

Tabela 2 – Quantitativo de Agravos em Recurso Especial tem tramitação no STJ em fevereiro/2018, por tema específico e percentual frente ao total

Tema	Indexação legislativa	Quantitativo de processos que tramitam no STJ (fev/2018) AREsp / Total (percentual)
Improbidade administrativa	Art. 12 da Lei 8.429/1992	456 / 669 (68%)
Dano moral	Arts. 186 e 927 do CC/2002	21.730 / 25.321 (85%)
Honorários advocatícios	Art. 20, § 4º do CPC/1973	7.752 / 11.699 (66%)

Por isso, um pesquisador do direito *não pode lançar à simples conta da provisoriedade* o juízo de admissibilidade, especialmente quando se tem em mente que, se não houver a interposição de recurso pela parte (recurso adequado, na forma técnica precisa e bastante), o processo finda com a decisão final da Presidência do Tribunal por não permitir o processamento do recurso: o que seria tema submetido aos mundos possíveis da contingência filosófica, isto é, para o que pode ser – ou não – um caso de exceção, especialmente diante da veiculação das esperanças do *homem que clama*

11. http://www.stj.jus.br/docs_internet/SumulasSTJ.pdf , acesso em 29.01.2018, p. 226.

12. http://www.stf.jus.br/arquivo/cms/jurisprudenciaSumula/anexo/Enunciados_Sumulas_STF_1_a_736_Resumido.pdf , acesso em 29.01.2018.

num recurso judicial, torna-se *verdade necessária* com a finalização processual no âmbito da fase admissional.

Bem por isso, há um debate que está se entronca com o tema da competência: trata-se da missão das Cortes Superiores.

3.1.3. Visões acerca da missão das Cortes Superiores

Assim, no âmbito do juízo de admissibilidade, um critério que parecer refletir-se na estrutura decisional da admissão (frequentemente da inadmissão) do recurso é a concepção, ou visão simbológica, que se tem a respeito da Corte de destino.

É que, se o Tribunal de origem, por suas Presidência e Assessoria que o auxilia em pesquisas e minutas, ao efetuar o exame admissional, inclina-se a pensar que o Superior Tribunal de Justiça é, por excelência, *Corte de Precedentes*, é bem provável que tenderá a reputar como reexame de prova em sede inadequada o Recurso Especial que vindique a alteração do *quantum* (sanções por improbidade/indenização por dano moral/honorários advocatícios), ouvindo como heresia a expressão *terceira instância.*

Para tal modo de pensar e agir, a pretensão recursal vertida no Recurso Especial comporta-se como *irrealizável*[13]. Pauta-se o juízo de admissibilidade por uma manifestação com caráter de *decisão*: há um avanço sobre a perspectiva de êxito do recurso, considerada nula, justamente por demandar, na visão da Presidência, fase probatória em Corte Superior.

Essa estrutura concepcional da Corte de Precedentes mostra-se afim à ideia de sobrestamento da admissibilidade do Recurso Especial no Tribunal de origem, na limitação de envio do feito ao Superior Tribunal de Justiça para situações que evidenciem a aplicação de soluções repetitivas. A perspectiva da Presidência é atuar como

---

13. O adjetivo aqui utilizado não é despropositado. É que, como se verá nos casos analisados, há um despacho de Presidência em exame de admissibilidade que aponta a expressão *irrealizável* para a pretensão do Recurso Especial, o que parece indicar a rejeição a qualquer noção de contingência e de que possa a Corte Superior funcionar como *instância de julgamento de casos*.

selecionadora de casos emblemáticos que servirão de caso-condutor para a afirmação da tese que atenderá a milhares de outros feitos símiles. A esperança de remessa à Corte de destino se daria, quando muito, em sede de distinção de casos em julgamento de Agravo Interno da decisão da Presidência que inadmite o Recurso Especial.

Noutra banda, se o Tribunal de origem, por suas Presidência e Assessoria que o auxilia em pesquisas e minutas, ao efetuar o exame admissional, inclina-se a pensar que o Superior Tribunal de Justiça é, por excelência, *Instância de julgamento de casos concretos*, é bem provável que poderá admitir, em certas situações, que a Corte Superior verifique desproporção no caso único.

Bem por isso, a transcrição de julgados da Corte Superior que exprimam a adoção tópica do juízo de excepcionalidade passa, nesses despachos, a ser sobranceira à ideia de aplicação do enunciado 7 da Súmula do Tribunal Superior, que proscreve a revisão de fatos e provas em sede especial.

O exame admissional, na concepção de Superior Tribunal de Justiça como instância de enfrentamento de casos concretos, é sumário e tem feições de simples *despachos*, limitando-se a dizer que não há obstáculos formais para a entrega do caderno processual à Corte destinatária do Recurso Especial.

A ideia de *terceira instância*, embora não usual e não referendada como expressão estruturante do sistema judiciário, não é vista como heresia.

Nessa última concepção, adquire relevo a noção de *competência*. Cada Tribunal tem o seu plexo de atribuições previamente estabelecido em lei e conferirá a sua prestação jurisdicional específica para a solução do caso concreto, num sistema de camadas da jurisdição, uma decisão de Corte revisora substituindo, a partir de seu pronunciamento, a decisão da Corte antecessora.

Conforme já dissertado, o Superior Tribunal de Justiça criou para si uma competência, que aqui é intitulada juízo de excepcionalidade. Ela tem a característica de ser exclusiva, pois apenas a Corte pode falar a respeito, até mesmo por uma questão de lógica. Está sendo analisado o julgamento dos Tribunais de origem, que são as chamadas Instâncias Ordinárias. Pela enunciação de competência, derivada de múltiplas e sucessivas manifestações em caráter reativo acerca dos julgados advindos dos Tribunais locais, as Instâncias Extraordinárias podem, tão logo invocado o tema em Recurso Especial (abertura do aspecto contingente), exercer o juízo de excepcionalidade, a ponderação, a observação de proporcionalidade[14]

---

14. É bem verdade que, ao longo do texto, as expressões razoabilidade e proporcionalidade são usadas sem qualquer distinção entre elas. Sabe-se, no entanto, que há autores que registram as diferenças e entendem que não se pode usar uma pela outra, ainda que seja por uma questão de origem, a primeira *estadunidense* e a segunda *germânica* (LOWENTHAL, 2012, p. 192).

Valeschka e Silva Braga registra o tema das diferenças e semelhanças como *confusão doutrinária* ao assinalar que *alguns autores* ***fazem referência apenas a um deles*** *(ex. Juarez de Freitas, Maria Sylvia Zanella di Pietro). Outros os* ***entendem como fungíveis*** *(v.g. Carlos Roberto Siqueira de Castro, Daniel Sarmento, Edilson Pereira Nobre Júnior, Gilmar Ferreira Mendes, Luís Roberto Barroso, Santiago Dantas, Suzana de Toledo Barros). Outros, ainda, como* ***incluídos um no conteúdo do outro*** *(p. ex. Celso Antônio Bandeira de Mello, Diogo de Figueiredo Moreira Neto, Odete Medauar, Miriam Torres e Raphael Sofiati); e mais um grupo,* ***como distintos*** *(Germana de Oliveira Moraes, Willis Santiago Guerra Filho, Helenilson Cunha Pontes, Humberto Ávila, Luís Virgílio Afonso da Silva, Gustavo Ferreira Santos e Ricardo de Paula)* (2004, p. 99-100)

Um exemplo de questão que envolve a *razoabilidade* está na seguinte alegoria: há um restaurante *self-service* para 50 pessoas e um cliente que prefere pouco movimento chega cedo para almoçar sozinho. Uma segunda pessoa chega, serve o prato, e toma o assento bem ao lado da primeira, de modo que a esta não deixa espaço algum para comer livremente. Logo o primeiro pergunta *ei, rapaz, o que é isso?* Há quase cinquenta outros lugares para você se sentar! Ao que recebe a resposta *este assento que escolhi está tão disponível quanto os outros quarenta e nove!* Parece haver aí um certo absurdo, uma falta de lógica apreensível que conduz logo a emitir a indagação *o que é isso?* Ou *como pode isso?* Qual é a *razão que norteia essa decisão?* Parece haver relação com *lógica, razão*.

Um exemplo que envolveria a *proporcionalidade* está em alguém que é condenado a repor todo o acervo de dez mil livros de uma biblioteca por ter furtado um item raro. A ideia de compensar numericamente em livros frente à subtração de um livro raro parece condizer com a desproporção, embora também não chegue a eliminar, nesse exemplo, uma certa dose de absurdo, de irrazoabilidade. Parece haver relação com *equilíbrio*.

Apesar do presente alerta acerca de potenciais diferenças entre as expressões, em muitos recursos e decisões a referida distância conceitual não é considerada para efeito de argumentação ou fundamentação. O que é crucial para este estudo é que, em qualquer caso, nota-se o pedido de análise acerca de metrificações consideradas ínfimas ou excessivas, nas quais é frequente o uso das expressões proporcionalidade e razoabilidade de modo indistinto, mas com o simples objetivo de identificar a situação de exorbitância/irrisoriedade.

sobre o *quantum* fixado nos julgamentos predecessores em temário especificado (sanções por improbidade, indenização por danos morais, honorários de Advogado).

Uma maneira de articular o pensamento acerca da competência reside na circunstância de que o direito brasileiro conta com exemplos em que a suscitação de determinada matéria nos autos resulta em atribuição de competência absoluta e exclusiva a determinada autoridade judiciária.

Um exemplar dessa diretriz está no *rito do Júri*, destinado a julgamentos de ilícitos penais praticados dolosamente contra a vida. O Código de Processo Penal, em seu art. 74, §1º, estabelece hipótese de *competência pela natureza da infração*, de modo que *compete ao Tribunal do Júri o julgamento dos crimes previstos nos arts. 121, §§ 1º e 2º, 122, parágrafo único, 123, 124, 125, 126 e 127 do Código Penal, consumados ou tentados.*

Conforme venha a constar do libelo, ao se detectar a potencial prática de homicídio doloso (infanticídio ou feminicídio, por exemplo), a competência adveniente da questão material (natureza da infração) é imediatamente deslocada para o Conselho de Sentença, o único que pode dizer a respeito do fato, isto é, materialidade, autoria do alegado ilícito, questões qualificadoras, atenuantes, causas de aumento ou diminuição de pena (arts. 447 e 482 do Código de Processo Penal).

No ponto da competência, é momento de lançar olhos para uma das objeções ao presente estudo, que se ancora na premissa de que *o juízo de admissibilidade é provisório ou bifásico, superável pela interposição de Agravo em Recurso Especial.*

Embora a afirmação seja respeitável e vigorante, é preciso focalizar a observação para o fato de que a competência para o exercício do balanceamento é compartilhada entre os membros da Corte a qual pertence, mas nunca está exonerada de substancial dose de observação pessoalíssima do Julgador.

Note-se, por exemplo, nas próprias manifestações que são logo identificadas quando se efetiva o *juízo de excepcionalidade*. Diz-se sempre *esta Corte Superior, este Tribunal da Cidadania*, em situações excepcionais, pode rever as sanções aplicadas quando houver desproporcionalidade (....) excesso ou irrisoriedade (...) *como é o caso dos autos*. Isso designa que há uma competência sendo praticada por aquele Tribunal que empreendeu essa linha de raciocínio acerca das causas que lhe são submetidas, isto é, que aportam na Corte mediante a súplica de uma revisão.

É frequente ver-se também, nos desfechos das decisões acerca do pedido de revisão de *quantum*, *o que não é o caso dos autos*, manifestação expressa acerca do juízo de excepcionalidade para rejeitar a modificação.

De qualquer modo, são aqueles trinta e três Julgadores, por seus órgãos fracionários especializados, que desempenharão esse papel de regular se a medida das penas, da indenização, da remuneração do trabalho advocatício foi praticada com a necessária equidade. A equidade não pode ser a apreciação oriunda da Corte de origem; há de ser a análise daquela precisa Corte que desenvolveu a competência própria e exclusiva para o juízo de excepcionalidade em fase recursal especialíssima.

É por isso que o presente estudo não se ancora apenas em contingência. Estaria insuficiente assim. Demanda-se, também, a competência, que, juntas, *parecem demonstrar* que o juízo de excepcionalidade não se submete a qualquer exame de admissibilidade pelos Tribunais de origem.

3.1.4. Desnecessidade de lançar ataques ao juízo de admissibilidade como algo provisório ou talhado para ser bifásico

Note-se bem que este trabalho não está a afirmar que essa providência deveria ser tomada pelas Presidências das Cortes de origem (abolir o juízo de admissibilidade quando invocada a situação excepcional). Apenas lança-se hipótese de que, sob o ponto de vista da competência e da contingência, o exame de admissibilidade parece quedar – ou não tem lugar, em sentido lógico – quando está em mesa a alegação de irrisoriedade ou de exorbitância.

Noutras palavras, pode-se continuar a dizer, sem que isso represente ataque algum a esta pesquisa, que o juízo de admissibilidade é provisório, que está sujeito à análise definitiva da Corte Superior. Efetivamente, ele o é, embora não pareça aplicável a todas as situações, isto é, naquelas em que competência e contingência se unem no pedido de revisão por alegada dose de desproporcionalidade.

Isso porque, em análise nua, de fato é esta (a ideia de provisoriedade do juízo de admissibilidade) a concepção paradigmática – para usar expressão cara a Thomas Kuhn (1998) – e é esta a linhagem de raciocínio que vem permitindo a pródiga aplicação da Súmula 7/STJ mesmo em fundamentações que se tem visto notadamente contraditórias, como nos casos em que se afirma haver em tese as hipóteses excepcionais (citadas em julgados ilustrativos na efetuação do juízo de admissibilidade), mas que demanda, na hipótese, a incidência do verbete de súmula.

Embora haja capítulo próprio para análise de casos randomicamente selecionados, um exemplar de juízo de admissibilidade aparentemente contraditório reside no processo que redundou no AREsp 1.164.537/RS, Rel. Ministro Antonio Carlos Ferreira, Quarta Turma, DJe 19.12.2017, cuja pretensão incrustada no Recurso Especial demandou o reconhecimento de fixação de indenização por dano moral quanto à inserção indevida de consumidor em cadastro de inadimplentes. O juízo de admissibilidade foi efetuado com os seguintes termos:

> *Insurgiu-se a parte recorrente contra o valor em que fixada a indenização, por considerá-lo irrisório. Apontou violação ao artigo 6º, VI, do Código de Defesa do Consumidor, bem como invocou dissídio jurisprudencial.*
>
> *(...)*
>
> *Com relação ao valor arbitrado a título de verba indenizatória, cumpre registrar que o quantum indenizatório para a composição do dano moral está sujeito ao prudente arbítrio judicial. No caso, a fixação levou em conta as circunstâncias fáticas que envolvem o caso concreto, entendendo devida a indenização no valor de R$ 3.000,00.*
>
> *O Superior Tribunal de Justiça admite, excepcionalmente, a revisão do valor da indenização por dano moral "em caso de patente absurdo, quando se extrapole inteiramente do razoável, seja para*

> *mais ou para menos" (REsp. 71.778-RJ, Rel. Min. Eduardo Ribeiro, RSTJ 87/228). E tal não é a hipótese dos autos.*
>
> *Ademais, inexiste tarifação da indenização por dano moral com piso e teto. E, cabe salientar, é da análise das circunstâncias do caso concreto que resta viabilizada a efetiva e integral reparação do dano.*
>
> *(...)*
>
> *Por tais motivos, inviável, na via estreita do recurso especial, a revisão do quantum indenizatório, nos termos do enunciado contido na já citada Súmula n. 7 do Superior Tribunal de Justiça.*
>
> *(...)*
>
> *Dessa forma, sem condições de ser admitida a presente irresignação.*
>
> *III. Ante o exposto. NÃO ADMITO o recurso.*

Efetivamente, ao fim e ao cabo, o Superior Tribunal de Justiça não alterou o *quantum* adveniente da Corte de origem. Mas não deixou de exercer a competência que desenvolveu, afirmando que, *no caso dos autos, a quantia estabelecida pelo Tribunal de origem* [R$ 3.000,00] não enseja a *intervenção do STJ*. Bem por isso, a tese ora lançada permite algumas constatações. Se, por meio dos recursos que forçam a remessa dos autos à Corte Superior, este Tribunal (competência) termina por afirmar que a hipótese se acopla ou não (contingência) em excepcionalidade, qual é – indaga-se aqui – a expressão normativa da aplicação da Súmula 7/STJ?

É que o juízo de excepcionalidade só tem lugar quando, de fato, não há pretensão de reexame de fatos e provas em sede especial. A Corte Superior, competente para a questão – conforme entendimento que desenvolveu –, se forrará no represamento de fatos e provas que consta do caderno processual, isto é, as conclusões insertas em acórdão do Tribunal local.

Se o juízo de excepcionalidade é invocado (alça o plano da cognoscibilidade processual ao contingente, ao *mundo possível*), ou, melhor dizendo, se a parte almeja seja reanalisado – *na Corte Superior e sob o signo da desproporção e da equidade, frise-se* – aquilo que está represado como fatos e provas em comparação com a medida da sanção/da indenização/dos honorários, não se há de mencionar a pretensão de reexame de fatos e provas, a não ser que, por falta de tecnicidade, o recorrente lance mão de aspetos factuais que sequer tomaram parte da trama processual (e aí já não está mais a se falar em razoabilidade, porque não se pode considerar desproporcional, desmesurado, iníquo *o que não foi colocado para medição*).

Suscitado em adequados termos o pedido de revisão por desproporção, o contingente desaguará no competente e o juízo de admissibilidade parece esmorecer-se, por não ser possível ao exame admissional do Tribunal de origem dizer qualquer coisa a respeito da possível situação excepcional: não parece ser possível adiantar-se, mesmo provisoriamente, sobre algo que está no íntimo e na ótica dos julgadores da Corte Superior; esta é a tese central deste estudo.

Por último, esclareça-se que não cabe a esta pesquisa emitir qualquer afirmação acerca do acerto ou desacerto dos procedimentos que os Tribunais vêm adotando em suas rotinas de exame de admissibilidade. Diz-se apenas o que *parece ou não* apropriado, sob certos pontos de vista de teoria, o que estaria no âmbito do chamado *recorte científico* para o juízo de admissibilidade.

3.2. O JUÍZO DE EXCEPCIONALIDADE – A COMPETÊNCIA ENGENDRADA PELO SUPERIOR TRIBUNAL DE JUSTIÇA

O Superior Tribunal de Justiça é órgão do Poder Judiciário concebido para atuar como Corte destinada a tornar uniforme, pelos Tribunais locais, a interpretação acerca do direito federal infraconstitucional. Foi criado na ordem jurídica iniciada com a Constituição Federal de 1988.

Sem pretender, de modo algum, empreender desnecessárias análises históricas, eventualmente desconectadas do contexto da pesquisa, põe-se em ressalto a narrativa de Cândido Rangel Dinamarco, que assinala um contexto de *grande desproporção entre a solicitação de serviços e a capacidade de trabalho do Supremo Tribunal Federal* (DINAMARCO; TEIXEIRA, 1991, p. 249). A ideia acerca da criação da Corte, relata o citado processualista, se norteou na redução da demanda de trabalho que pesava sobre a Corte Suprema.

Em sentido mais político, o Superior Tribunal de Justiça tem *jurisdição em todo o território nacional* (art. 92, §2º, da Constituição Federal de 1988), sendo certo que somente uma Corte com esse caráter poderia velar pela aplicação uniforme, pelos Tribunais locais, do direito, que, no caso, é *federal* e *infraconstitucional*. É, inclusive, por essa razão, que a Corte Superior não realiza qualquer enfrentamento de direito local, isto é, regras editadas pelos Estados, do Distrito Federal e dos Municípios, aplicando, em situações tais, verbete de Súmula[15] adveniente do Supremo Tribunal Federal.

Põe-se em ressalto, nesse contexto, a noção de *identidade*. O Superior Tribunal de Justiça, no contexto constitucional, tem a tarefa de velar pela validade e inteireza do direito federal infraconstitucional.

Por ter a missão de exercer controle de legalidade acerca da aplicação do direito federal pelos Tribunais de origem, concentra-se no julgado emitido, é dizer, no acórdão de última ou única instância proferido. Por isso é que foi editado o verbete 7 da Súmula, em que *para simples reexame de prova, não cabe Recurso Especial*. As provas e os fatos são exatamente aqueles que foram aprisionados e represados na análise do Tribunal de origem e é sobre eles que a nomofilaquia se efetiva.

Trata-se, sem dúvida alguma, de repartição de competências.

Sem embargo de tais diferenças, o Superior Tribunal de Justiça não se aparta da estrutura basilar que conforma qualquer órgão colegiado do Poder Judiciário Brasileiro.

De fato, um aspecto que não pode ser desconsiderado neste estudo reside na circunstância de que os julgamentos perante os Tribunais – embora haja tendência a monocratizar a prestação jurisdicional[16] – são, por essência e por excelência, colegiados.

A lógica incrustada nos julgamentos colegiados é a formação de consensos e de divergências, porque a premissa empregada nessa

15. Súmula 280/STF. Por ofensa a direito local não cabe recurso extraordinário.

16. http://www1.folha.uol.com.br/poder/2016/12/1844509-em-ano-de-crises-supremo-tem-18-menos-decisoes-coletivas.shtml, acesso em 13.01.2018, 17:27. Também: https://www.jota.info/artigos/a-monocratizacao-do-stf-03082015, acesso em 13.01.2018, 17:43.

estrutura de múltiplos votos é a de que os pensamentos humanos não estão em uníssono em todos os pontos debatidos: é pela votação dirigida ao alcance de maiorias que as decisões são tomadas.

Num cenário em que as notícias são pródigas em relatar o excesso de processos (estoque que aumenta ano a ano, no qual não se consegue reduzir a diferença entre entradas e saídas) e que o alegado e congestionamento sistêmico de ações em todo o Poder Judiciário[17], especialmente nos Tribunais Superiores, poderia inviabilizar a missão institucional, a concepção de Corte de Precedentes torna-se visão imediata tendencial, vale dizer, simbólica para a retomada histórica do caráter que motivou a criação do Superior Tribunal de Justiça.

Embora haja tendência a tornar repetitivos os julgamentos efetuados pela Corte Superior, de modo a açambarcar os milhares de processos sobrestados nos Tribunais de origem à espera de solução uniforme (MITIDIERO, 2017, p. 111-112), sobretudo em causas que envolvem direito do consumidor (planos de saúde, telefonia), questões administrativas (questões remuneratórias de Servidor Público), tributárias, previdenciárias, há, nestas e em outras matérias, substancial quantia de processos que não se incrustam em temas repetitivos.

3.2.1. O juízo de excepcionalidade como sabotador ao juízo de admissibilidade

Trata-se de gênero de recorribilidade especial *liquefeita*, capaz de *permear-se nas frestas dos mais diversos óbices processuais*: a pretensão que veste o Apelo Especial é especialmente sabotadora do juízo de admissibilidade, da chamada jurisprudência defensiva[18] e até mesmo de sistemas de inteligência artificial[19], porquanto a so-

17. https://oglobo.globo.com/brasil/congestionamento-de-processos-em-tribunais--chega-71-do-estoque-de-acoes-14018870 , acesso em 27.02.2018.

18. Sobre o tema, vale conferir o artigo de José Rogério Cruz e Tucci ao sítio eletrônico Conjur: https://www.conjur.com.br/2014-jun-24/basta-perversidade-jurisprudencia-defensiva, acesso em 06.06.2018, 14:30.

19. Sobre o tema, confira-se matéria do sítio eletrônico do Supremo Tribunal Federal, que noticia a implantação do sistema VICTOR, ferramenta de inteligência artificial

lução final é altissimamente dependente da visão e dos critérios de avaliação pessoal do Julgador frente às circunstâncias que reputar justas e equilibradas para o caso concreto.

Para se ter ideia de que dessa afirmação acerca dos *critérios de avaliação individual*, em julgamento no dia 21.08.2018, a Terceira Turma do Superior Tribunal de Justiça entendeu que a campanha publicitária de uma empresa de hortifrutigranjeiros, que tinha como mote a expressão *olha que couve mais linda, mais cheia de graça* não consubstanciou violação dos direitos autorais referentes à canção *Garota de Ipanema*, de Tom Jobim e Vinícius de Moraes, cujo verso original é *olha que coisa mais linda, mais cheia de graça*.

Na oportunidade do julgamento, os Julgadores, acompanhando o voto do Relator, Ministro Villas Bôas Cueva, nos autos do Recurso Especial 1.597.678/RJ, entenderam que, para análise de situações tais quais a analisada, *o juízo acerca da licitude da paródia depende das circunstâncias fáticas de cada caso concreto e envolve um certo grau de subjetivismo do julgador ao aferir a presença dos requisitos de comicidade, distintividade e ausência de cunho depreciativo, conforme exigido pela legislação de regência* (REsp 1.597.678/RJ, Rel. Ministro Ricardo Villas Bôas Cueva, Terceira Turma, DJe 24.08.2018).

Referido julgado está a denotar como algumas situações são marcadamente fluídas, dependentes da apreciação derradeira e definidora dos Julgadores do Tribunal, quando provocada em Recurso Especial. Por ser manifestação que demanda o subjetivismo, nenhuma outra autoridade pode dizer alguma coisa a respeito que não aqueles que figuram como membros da Corte Superior.

É o também caso do pedido recursal de reconhecimento de situações desproporcionais nas hipóteses em que é necessário *exercer a dosificação*, como em honorários advocatícios, sanções e penalidades (disciplinares, improbidade administrativa) e indenização por dano moral.

---

cuja promessa contida em seu lançamento é *atuar em camadas de organização dos processos para aumentar a eficiência e velocidade de avaliação judicial*: http://www.stf.jus.br/portal/cms/verNoticiaDetalhe.asp?idConteudo=380038, acesso em 10.06.2018, às 11:31.

Conforme já muito se adiantou, houve o desenvolvimento, ao longo dos anos, de uma competência dessa Corte Superior, qual seja, a de realizar a aferição de situação de desproporcionalidade, aqui intitulada *juízo de excepcionalidade.*

Ocorre nas situações em que, superando a Súmula 7/STJ – ou, considerando-a inaplicável, dir-se-á em melhor técnica –, a Corte realiza, por aplicação de razoabilidade/proporcionalidade, a alteração do *quantum* em casos como de dosimetria das sanções por improbidade, honorários advocatícios, indenização por dano moral.

3.2.2. Geografia do juízo de excepcionalidade e a característica das pretensões em improbidade administrativa, indenização por dano moral e honorários advocatícios

A expressão-padrão da análise de eventual excepcionalidade se opera segundo a seguinte geografia:

Esquema 4 – Geografia do juízo de excepcionalidade

Premissa maior Proclamação dos limites da nomofilaquia a ser exercida pelo STJ.	*A orientação desta Corte Superior é de que a revisão do quantum fixado pelas instâncias ordinárias demanda a averiguação e avaliação do contexto fático-probatório dos autos, o que não é possível em recorribilidade extraordinária.*
Premissa maior excepcional Afirmação de competência desenvolvida pelo Tribunal Superior quando o juízo de excepcionalidade é suscitado no REsp.	*A alteração somente é admissível por este Tribunal Superior em situações excepcionais, quando, a partir da análise do quadro fático emoldurado no acórdão, o valor revelar-se manifestamente irrisório ou excessivo.*

Esquema 4 – Geografia do juízo de excepcionalidade

<table>
<tr><td rowspan="2">Premissa menor
Avaliação do caso concreto. Desfecho.</td><td>Para rejeitar a alteração</td><td>(...) o que não é o caso dos autos.
(...) no caso dos autos, o quantum se revelou proporcional.
(...) Na espécie, a fixação procedida pelas Instâncias Ordinárias não demanda a providência de excepcional modificação por esta Corte Superior.</td></tr>
<tr><td>Para promover a alteração</td><td>(...) Na espécie, a moldura do acórdão permite dessumir que o quantum não condiz com os postulados da razoabilidade e da proporcionalidade, o que impõe a sua modificação, para [majorar/minorar].</td></tr>
</table>

O juízo de excepcionalidade pode ser visto como cenário em que o papel de Corte Reativa tem substancial projeção para o futuro (o que em tese seria papel da Corte Proativa). Ao longo do tempo e em razão do entendimento que se firmou no Superior Tribunal de Justiça acerca da análise de proporcionalidade, os Tribunais ordinários podem dessumir que é necessário sempre analisar e reanalisar a fixação do *quantum*.

Para se ter uma ideia da amplitude da competência da Corte Superior, que efetuará o *juízo de excepcionalidade*, as questões que permeiam a prática de improbidade, a fixação de indenização por ofensa a direitos de personalidade e estabelecimento de honorários advocatícios se sujeitam a *numerosas variáveis* em cada caso, que demandam intervenção e fundamentação extensa e profunda acerca do temário na decisão a ser proferida pela Corte Superior.

Conforme se dessume dos próprios enunciados legislativos e para se tomar como primeiro foco de análise, a conduta tipificada como improbidade administrativa, em ordem a ser totalmente dosificada, demanda a análise da efetiva lesão aos cofres públicos, a prática de ato culposo ou doloso pelo agente, além da própria gravidade do fato em si, a eventual reiteração da prática, de modo assemelhado ao que ocorre em âmbito penal.

Embora não seja missão deste trabalho efetuar análise de fundo dos temas, é importante registrar – no afã de evidenciar que a dosimetria demanda um esforço de apreciação pessoal da autoridade judiciária – que a Lei 8.429/1992 prevê, em seu art. 12, *caput* e parágrafo único, que *o responsável pelo ato de improbidade sujeito às cominações da lei, que podem ser aplicadas isolada ou cumulativamente, de acordo com a gravidade do fato* e que *na fixação das penas previstas na lei, o juiz levará em conta a extensão do dano causado, assim como o proveito patrimonial obtido pelo agente.*

Isso desde já evidencia como o papel da autoridade competente, em seu juízo pessoal equitativo, é de sumo relevo para o resultado final do *peso do castigo* – diz-se, assim, alegoricamente. Referido juízo compreende porções objetivas (extensão do dano causado) e subjetivas (gravidade do fato).

Cabe mencionar que a atual redação do *caput* do art. 12 da Lei 8.429/1992[20] foi dada pela Lei 12.120/2009, que acrescentou a parte final do dispositivo, isto é, *que podem ser aplicadas isolada ou cumulativamente, de acordo com a gravidade do fato*, circunstância que reforçou sobremaneira o aspecto da individualização das penas, uma vez que não é mais *ope legis* a aplicação casualística de perda da função pública ou de multa civil ou ambas conjugadas, por exemplo, passando a ser *ope judicis.*

---

20. **Redação original:** Art. 12. Independentemente das sanções penais, civis e administrativas, previstas na legislação específica, está o responsável pelo ato de improbidade sujeito às seguintes cominações (...).

Redação dada pela Lei 12.120/2009: Art. 12. Independentemente das sanções penais, civis e administrativas previstas na legislação específica, está o responsável pelo ato de improbidade sujeito às seguintes cominações, que podem ser aplicadas isolada ou cumulativamente, de acordo com a gravidade do fato (...).

Antes do advento da alteração, havia certa compreensão, conformem historiam Adriano Andrade, Cleber Masson e Landolfo Andrade (2012, p. 728), de que, quando incurso nalguma das figuras típicas, o praticante da conduta ímproba estaria sujeito a todas as sanções previstas em cada qual dos incisos do referido art. 12 da Lei de Improbidade.

Diferentemente do Código Penal, no qual se tem a conduta típica e a penalidade correspondente, as condutas reconhecidas como ímprobas apenas sinalizam um rol de sanções (art. 12 da Lei 8.429/1992), mas desvestidos de critérios fechados conducentes à dosificação. Há apenas uma diretriz, conforme se tratar de ato que consubstancie *enriquecimento ilícito* (art. 9º), *dano aos cofres públicos* (art. 10) ou *ofensa a princípios reitores administrativos* (art. 11):

> *Art. 12. Independentemente das sanções penais, civis e administrativas previstas na legislação específica, está o responsável pelo ato de improbidade sujeito às seguintes cominações, que podem ser aplicadas isolada ou cumulativamente, de acordo com a gravidade do fato:*
>
> *I - na hipótese do art. 9°, perda dos bens ou valores acrescidos ilicitamente ao patrimônio, ressarcimento integral do dano, quando houver, perda da função pública, suspensão dos direitos políticos de oito a dez anos, pagamento de multa civil de até três vezes o valor do acréscimo patrimonial e proibição de contratar com o Poder Público ou receber benefícios ou incentivos fiscais ou creditícios, direta ou indiretamente, ainda que por intermédio de pessoa jurídica da qual seja sócio majoritário, pelo prazo de dez anos;*
>
> *II - na hipótese do art. 10, ressarcimento integral do dano, perda dos bens ou valores acrescidos ilicitamente ao patrimônio, se concorrer esta circunstância, perda da função pública, suspensão dos direitos políticos de cinco a oito anos, pagamento de multa civil de até duas vezes o valor do dano e proibição de contratar com o Poder Público ou receber benefícios ou incentivos fiscais ou creditícios, direta ou indiretamente, ainda que por intermédio de pessoa jurídica da qual seja sócio majoritário, pelo prazo de cinco anos;*
>
> *III - na hipótese do art. 11, ressarcimento integral do dano, se houver, perda da função pública, suspensão dos direitos políticos*

> *de três a cinco anos, pagamento de multa civil de até cem vezes o valor da remuneração percebida pelo agente e proibição de contratar com o Poder Público ou receber benefícios ou incentivos fiscais ou creditícios, direta ou indiretamente, ainda que por intermédio de pessoa jurídica da qual seja sócio majoritário, pelo prazo de três anos.*
>
> *IV - na hipótese prevista no art. 10-A, perda da função pública, suspensão dos direitos políticos de 5 (cinco) a 8 (oito) anos e multa civil de até 3 (três) vezes o valor do benefício financeiro ou tributário concedido.*

Porém, a diretriz que se firmou ao longo dos tempos foi a de prestigiar a dosimetria das sanções, sem a necessária cumulatividade, de modo a serem evitadas reprimendas eventualmente exorbitantes. Com efeito, passou-se afirmar que *a aplicação das sanções da Lei 8.429/92 deve ocorrer à luz do princípio da proporcionalidade, de modo a evitar sanções desarrazoadas em relação ao ato ilícito praticado, sem, contudo, privilegiar a impunidade. Para decidir pela cominação isolada ou conjunta das penas previstas no artigo 12 e incisos, da Lei de Improbidade Administrativa, deve o magistrado atentar para as circunstâncias peculiares do caso concreto, avaliando a gravidade da conduta, a medida da lesão ao erário, o histórico funcional do agente público* (REsp. 300.184/SP, Rel. Ministro Franciulli Netto, Segunda Turma, DJ 03.11.2003, p. 291).

Referido entendimento, como se vê, se firmou antes mesmo da edição da Lei 12.120/2009. Pode-se até mesmo conjeturar que a compreensão judicial tenha motivado a alteração legislativa.

No tocante à indenização por dano moral, busca-se perquirir a ofensa a direitos de personalidade do sujeito, ofensa essa caracterizada por lesão aos aspectos de honra e de dignidade da pessoa humana, isto é, aqueles atributos que estão além de aspectos meramente patrimoniais. Tranquilidade psíquica, bem-estar espiritual, reputação, bom conceito pessoal, são alguns dos bens jurídicos protegidos.

Diz-se *alguns* porque, na noção de dano moral trazida por Cristiano Chaves, Felipe Peixoto e Nelson Rosenvald (2015), trata-se de *lesão a um interesse existencial concretamente merecedor de tute-*

la (p. 296). Referidos autores traçam estreita relação entre o dano moral e a concepção de dignidade da pessoa humana, esta situada em âmbito interrelacional, na relação básica com os demais. Fala-se também em indenização por dano moral com função punitiva, isto é, como *instrumento de calibração econômica do comportamento do agente ofensor* (FREITAS FILHO; MORAIS LIMA, 2013, p. 94).

Este *juízo merecedor de tutela, a cargo das cortes* – abordam esses últimos autores – somente pode derivar de uma análise concreta e dinâmica dos interesses contrapostos em cada conflito particular que não resulte em aceitações gerais pretensamente válidas para todos os casos, mas que se limite a ponderar interesses à luz de circunstâncias peculiares (p. 296).

E prosseguem argumentando:

> *Passa-se simplesmente a definir, em cada caso concreto, o âmbito de prevalência dos diversos interesses contrapostos. Com isso, releva-se uma faceta do dano até então desprezada pela doutrina: a de funcionar como uma espécie de cláusula geral, que permite ao Poder Judiciário, em cada caso concreto, verificar se o interesse alegadamente violado consiste, à luz do ordenamento jurídico vigente, em um interesse digno de proteção, não apenas em abstrato, mas também, e sobretudo, face ao interesse que se lhe contrapõe.*
>
> *A melhor forma de demonstrar que o caminho da aferição do dano extrapatrimonial passa pela técnica de ponderação e pela regra da proporcionalidade, considerando as circunstâncias concretas* (2015, p. 296).

A indenização por meio pecuniário é um montante destinado a amenizar a ofensa praticada, que, pela própria natureza do bem ofendido, nunca está sujeita a plena reparação, mas apenas a uma compensação.

Para dosificar-se a indenização, levam-se em conta a existência e a extensão do dano e os seus reflexos sobre a pessoa da vítima.

Acerca do arbitramento da indenização, Luciana Duarte Sobral Menezes analisa o tema com as seguintes explicações, destacando a tríplice função do *quantum* (a compensatória principal, a punitiva e a preventiva acessórias) e necessidade de observação das circunstâncias do caso concreto no tocante à ofensa à dignidade da pessoa humana (2010):

> *Não existem critérios legais uniformes para se chegar a um valor adequado da indenização pelo dano extrapatrimonial. E, diante dessa ausência de critérios bem definidos, pode-se dizer que o arbitramento dessa indenização é feito com base em um autêntico juízo de equidade. Contudo, na árdua tarefa de buscar um valor justo, não pode o órgão julgador decidir com total discricionariedade. Deve buscar a fixação de um quantum debeatur sopesando a tríplice função da indenização por danos extrapatrimoniais, além de outras circunstâncias do caso concreto, como a gravidade da conduta, a repercussão do dano para a vítima e a capacidade econômica do ofensor.*
>
> *Na fixação do valor indenizatório, não pode o órgão julgador desprezar nenhuma das três funções da indenização por dano extrapatrimonial. Deve buscar compensar a vítima em face da lesão sofrida, punir o ofensor em razão da conduta ilícita praticada e prevenir no meio social a ocorrência de novos danos semelhantes. É dizer, todas as três funções, a compensatória principal, a punitiva e a preventiva acessórias, devem se manifestar nos casos concretos de lesões à dignidade humana, atuando por meio da indenização arbitrada* (2010, p. 3).

Referida circunstância demonstra de que maneira a valoração e a quantificação do dano moral estão submetidas a múltiplas observações, a partir de suas várias finalidades, dependentes de um juízo de equidade.

Em relação aos honorários advocatícios reputados como de sucumbência, isto é, pagos pela parte vencida ao patrono da parte vencedora[21], os critérios se encontram, de certa forma, valorados pela lei processual, demandando-se a verificação do grau de zelo

21. Registra-se que havia debate acerca do *pertencimento* da verba honorária, isto é, se seria da parte (como forma de recompensar pelo que despendeu em contratação de defensor numa causa em que tem razão) ou se seria do Advogado (por força do art. 23 da Lei 8.906/1994). O Código de Processo Civil de 2015, lado outro, passou a prever expressamente que *os honorários constituem direito do Advogado* (art. 85, § 14).

do profissional, do lugar de prestação do serviço, da natureza e a importância da causa e do trabalho realizado pelo Advogado e o tempo exigido para o seu serviço. Tanto o texto de 1973, quanto o de 2015, mantiveram esses critérios para valoração:

Esquema 5 – Comparativo dos critérios para fixação dos honorários advocatícios nas codificações processuais de 1973 e de 2015

Código de Processo Civil – 1973	**Código de Processo Civil – 2015**
Art. 20. A sentença condenará o vencido a pagar ao vencedor as despesas que antecipou e os honorários advocatícios. Esta verba honorária será devida, também, nos casos em que o Advogado funcionar em causa própria. (...). § 3º Os honorários serão fixados entre o mínimo de dez por cento (10%) e o máximo de vinte por cento (20%) sobre o valor da condenação, atendidos: a) o grau de zelo do profissional; b) o lugar de prestação do serviço; c) a natureza e importância da causa, o trabalho realizado pelo Advogado e o tempo exigido para o seu serviço.	Art. 85. A sentença condenará o vencido a pagar honorários ao Advogado do vencedor. (...). § 2º Os honorários serão fixados entre o mínimo de dez e o máximo de vinte por cento sobre o valor da condenação, do proveito econômico obtido ou, não sendo possível mensurá-lo, sobre o valor atualizado da causa, atendidos: I- o grau de zelo do profissional; II- o lugar de prestação do serviço; III- a natureza e a importância da causa; IV- o trabalho realizado pelo Advogado e o tempo exigido para o seu serviço.

Ainda que tenha estabelecido parametrização bem específica acerca da quantificação, inclusive nos casos de condenação contra a Fazenda Pública, no Código de Processo Civil de 2015 permanece o critério equitativo *para as causas de em que for inestimável ou irrisório o proveito econômico ou, ainda, quando o valor da causa for muito baixo* (art. 85, § 8º), regra que já constava do Código de Processo Civil pretérito (art. 20, § 4º).

As peculiaridades que muito circundam a fixação do *quantum* em improbidade administrativa, em indenização por dano moral e em honorários advocatícios evidenciam que as questões, proposições, sentenças e tópicos em geral lançados em processos que contenham esses temas não estão demarcados por aspectos apriorísticos ou captados por redes neurais de inteligência artificial.

Não são, ademais, elementos sobre os quais se possa atribuir o caráter de *verdades necessárias*, como sói acontecer com as proposições matemáticas (consoante bem explanado por Bonjour e Baker, vide Capítulo 2), tal a que estabelece que *a soma ou a subtração entre dois números naturais ímpares sempre resulta em número par* (sabendo-se qual é a definição do que é ímpar, par, natural, obtém-se o suficiente ao julgamento da proposição).

Muito contrariamente, as assertivas que circundam a análise dos temas acima, como se pode perceber, estão submetidas não apenas a possibilidades, mas a extremadas contingências: apenas acontecem (usando a noção de Saul Kripke) de serem reputadas verdadeiras certas soluções conferidas ao caso concreto, mas, tão logo são afirmadas no caderno processual, exsurge o pensamento de que muito bem poderia ter acontecido o oposto, para usar a cara – e esclarecedora – concepção de Duns Scotus para o que é contingente.

A existência de recurso judicial a ser enviado a autoridade com capacidade para cassar, rever, anular, reformar, alterar, no todo ou em parte, a decisão que se emitiu no processo é reforçador do caráter contingente do que se resolveu (há uma projeção ao futuro, que, de certa forma, pode ser de *um outro modo*).

O recurso judicial é a força motora prévia que veicula o caráter mutável e potencial do outro mundo possível; a matéria de fundo do temário que aqui se estuda sobreleva o aspecto daquilo que *pode ser* ou *não ser* (isto é, razoável ou não razoável o complexo aspecto de dosificação, de metrificação de quantias e valores; excepcional ou não excepcional).

Isso quer dizer que, a um Julgador, com esteio em experiências sensoriais próprias e aquelas compartilhadas com seus Pares, podem ser detectadas certas circunstâncias e reputadas essenciais. Para outro, em idêntico caminho, podem ser consideradas irrelevantes na solução final do caso.

Referida afirmação, ao que se vê, reforça a tese de competência, a apreciação pessoal de aspectos de equidade, o sopesamento, o balanceamento – para usar expressões caras a Robert Alexy (2008, p. 173) – a ser efetuada por aquela determinada autoridade, num juízo de aferição compartilhado na Corte Superior.

É de relevante sinalização que, embora não contivesse qualquer menção no Código de Processo Civil de 1973, a codificação processual superveniente passou a prever que, *ao aplicar o ordenamento jurídico, o juiz atenderá aos fins sociais e às exigências do bem comum, resguardando e promovendo a dignidade da pessoa humana e observando a proporcionalidade, a razoabilidade, a legalidade, a publicidade e a eficiência* (art. 8º).

3.2.3. A rebeldia do juízo de excepcionalidade a súmulas, filtros e óbices formais de toda sorte, frente à necessária análise de expressões com cunho avaliativo

Efetivamente, o *juízo de excepcionalidade* é tendencialmente rebelde a qualquer sorte de incidência de mecanismos como Repercussão Geral (como o possível "filtro" a ser instituído nos Recursos Especiais), Recurso Representativo de Controvérsia, Incidente de Assunção de Competência, Pedido de Uniformização de Interpretação de Lei, ou até mesmo apreensão em Súmulas de Jurisprudência Consolidada. Nem uma decisão denegatória em *writ of certiorari* teria aptidão para ser emoldurar-se a casos em que a hipótese de excepcionalidade precisa ser verificada em suas filigranas.

Pode-se dizer, nessa temática, que, se é possível alguma consolidação uniformizadora, como método de controle de legalidade das decisões judiciais advenientes dos Tribunais de origem, é a proclamação da existência de juízo de excepcionalidade enquanto tal, isto é, a de que é possível a alteração do *quantum*, nas situações ora estudadas, quando se detectar a desproporção, a irrisoriedade, o excesso, a exorbitância, a quantia ínfima no procedimento de fixação.

É que, consoante asseverado, trata-se de apreciação que demanda o balanceamento das circunstâncias presentes no caso concreto, sempre de acordo com o acervo de fatos e provas que se encontra emoldurado no acórdão adveniente da Corte de origem.

Quando está em jogo a definição acerca do *quantum* de sanções por improbidade, da indenização por dano moral, dos honorários de Advogado, confirmando ou alterando o que está apregoado no acórdão de origem, o juízo de excepcionalidade se opera mediante a análise de expressões com conteúdo que demanda o exercício de juízo de valor como *irrisório*, *exorbitante*, *excessivo*, ínfimo, *adequado*, *razoável*, *proporcional*.

Consoante Roberto Freitas Filho, referidas expressões não são meramente descritivas; tem conteúdo avaliatório, e, contrariamente a *princípios* e *regras casuísticas*, são classificadas como *cláusulas gerais*:

> *As cláusulas gerais estabelecem uma espécie de conduta, pois não determinam de forma previa e específica a conduta a ser realizada, mas sim dão o modo como a conduta deve ser realizada. Tanto assim que, do ponto de vista morfológico dos textos normativos como expressos nas cláusulas gerais, há a utilização em profusão de advérbios e adjetivos que condicionam a conduta do sujeito agente Termos como "adequadamente", "excessiva", "onerosidade", "exagerada", "necessária", "razoavelmente", e outros do tipo, são fartamente utilizados.*
>
> *(...).*
>
> *Os princípios e as cláusulas gerais não permitem, pela forma como são escritas, a sua aplicação direta a um caso, ou seja, tais tipos normativos não podem ocupar a posição de premissa maior de um silogismo na forma do qual se fundamenta uma decisão jurídica. Não é possível se aplicar de forma universal um "princípio" (uso aqui o termo no sentido de Hare) que seja expresso com expressões ou palavras avaliatórias. Estas não permitem a universalizabilidade da decisão, na medida em que é inviável definir tais palavras em termos genericamente descritivos. O que é "excessivamente oneroso"? **Só é possível responder a esta pergunta considerando um caso concreto no qual o sentido descritivo da expressão terá de ser demonstrado, tudo segundo circunstâncias específicas do caso*** (2009, p. 302-303, grifado).

É a avaliação individual dos julgadores do Superior Tribunal de Justiça (com base em sua experiência compartilhada de critérios objetivos e subjetivos) que conferirá, segundo a visão da espécie, a nota para a conclusão de que se trata – ou não[22] – de *caso excepcional*, este justificador de alteração das conclusões primitivas.

As supramencionadas ferramentas processuais de uniformização, lado outro, estão vocacionadas ao alcance de teses com caráter multiabrangente, destinadas a solução de casos *sempre que houver multiplicidade de recursos extraordinários ou especiais com fundamento em idêntica questão de direito*, esta que é a letra do art. 1.036 do Código de Processo Civil de 2015.

Nessa reflexão, as plenas vigência e frequência de reconhecimento, pela Corte Superior, de situações de excepcionalidade, são indício de que este Tribunal não atua estritamente na condição de emitir *precedentes* (valendo mencionar os dissensos acerca do que constituiria essa expressão), mas, também – e de modo relevante – a análise de casos concretos em suas mais refinadas especificidades.

Conforme se verá amiúde no capítulo seguinte, a postulação no Recurso Especial de reconhecimento de situação de excepcionalidade apresenta, nos mais diversos casos, feições muito distintas frente à etapa de admissibilidade da insurgência especial.

Sem pretender adiantar a análise casualística, mas apenas para trazer a lume um exemplar daquilo que seria o *encontro dos dois juízos* analisados neste estudo (pretensão de excepcionalidade frente à admissibilidade), constata-se, no processo que desembocou no Recurso Especial 1.444.454/RN, que o exame admissional efetuado pela Vice-Presidência do Tribunal de Justiça do Estado do Rio Grande do Norte chega, de algum modo, a identificar que tem limites para efetuar a admissibilidade frente ao pedido de hipótese excepcional:

> *(...) merece prosseguir o apelo no tocante à suposta violação ao art. 12 da Lei 8.429/1992.*
>
> *De se ressaltar a inexistência do óbice da Súmula 07/STJ, neste particular, porquanto a pretensão de se avaliar a desproporcio-*

---

22. É intencional essa constante ressalva da expressão *ou não* para identificar a situação de excepcionalidade, que pode ou não ocorrer. Ela demarca bem a noção de contingência sob o ponto de vista referencial, isto é, daquele que tem contra si um julgado desfavorável, por exemplo, e pretende vê-lo modificado pela instância recursal, circunstância que pode ou não ocorrer.

> *nalidade das sanções aplicadas em ação de improbidade administrativa, a partir da leitura do Acórdão recorrido, não implica o revolvimento do conjunto fático-probatório dos autos, cabendo ao STJ efetuar tal juízo de valor* (fls. 525).

Se há uma Corte local que afirma a competência do Superior Tribunal de Justiça para o tema das excepcionalidades, remetendo *incontinenti* os autos à Instância Superior, ao passo que outro lança a fundamentação de que a espécie comporta a aplicação da Súmula 7 do Superior Tribunal de Justiça; e se há, ainda, aqueles exames das Presidências de origem que para logo assinalam não ser o caso de desproporção e que, por isso, não há de ser deferido o processamento do Nobre Apelo, de imediato, uma constatação é possível: não existe um padrão de desfecho para o juízo de admissibilidade, muito embora se tenha em vista atividade de caráter eminentemente técnica e formalista, cujo procedimento é idêntico para todas as Cortes locais, pois o direito processual recursal é matéria regulada por lei federal de incidência nos Tribunais Estaduais e Federais.

Noutras palavras, cada Tribunal, embora possa livremente compartilhar experiências, não é vinculado à utilização de qualquer liturgia definida em codificação procedural para realizar o exame de admissão do Recurso Especial, o que é indício para as resultantes dissonâncias de conclusão diante de perfis recursais símiles.

Ausente um padrão unívoco de admissibilidade, motivam-se os severos reproches de Advogados para a alegada *invasão indevida em elementos de mérito* do Apelo Especial nesta que é considerada fase de apuração de aspectos meramente extrínsecos de cognoscibilidade da insurgência, especialmente porque a autoridade do Tribunal que efetua o juízo de admissibilidade é sempre a mesma (a Presidência ou Vice-Presidência), ao passo que o juízo de excepcionalidade é endereçado à Corte Superior, que se submeterá à distribuição a um dos dez Ministros que compõem a Seção correspondente à matéria, que será o Relator do recurso.

De qualquer modo, o fato de haver juízos de admissibilidade que venham a adotar a tese de enviar imediatamente os autos ao Superior Tribunal de Justiça quando invocado em Recurso Especial o juízo de excepcionalidade, como é o caso do processo que redundou no Recurso Especial 1.444.454/RN, não consubstancia espécie de falseamento à hipótese lançada no presente estudo.

Muito pelo contrário, mostra, ao menos, que a tese aqui dissertada não é absurda.

Indica, mais a mais, que a pesquisa é minimamente prestante a tentar encontrar alguma razão científico-filosófica para o modo de decidir do juízo de admissibilidade recursal frente às demandas que pleiteiam o juízo de excepcionalidade.

Parece haver um movimento embrionário que tenta retomar a concepção de que a reapreciação de *quantum* adveniente das Instâncias Ordinárias, ainda que sob o aspecto da proporcionalidade, demandaria a providência de reexame de fatos e provas no âmbito da recorribilidade extraordinária. É o que se dessume, como exemplar, do julgamento ocorrido no AgInt nos EDcl no REsp 1.677.252/SP, Rel. Min. Mauro Campbell Marques, Segunda Turma, DJe 20.02.2018.

Neste julgado, que cuidou de controlar a legalidade do aresto da Corte Bandeirante em matéria de improbidade administrativa, quer de caracterização propriamente dita, quer de imposição sanções, o Órgão Fracionário emitiu a afirmação – que tem aptidão para constituir tese – de que *esse mesmo enunciado sumular* [referindo-se ao enunciado 7 das Súmulas do STJ] *impede a verificação da proporcionalidade das sanções cominadas, tendo em vista que, conforme descrito no acórdão (...), as sanções foram fixadas com base no conjunto fático e probatório constante dos autos.*

Se a Corte Superior optar por essa diretriz e conformar o seu entendimento de maneira oposta ao que vem atualmente expressando – e aqui não se há de fazer qualquer juízo de valor a respeito de eventual mudança no tema –, é certo que o juízo de admissibilidade muito se alterará, porque não haverá mais contingência alguma, uma vez abolido o juízo de excepcionalidade, isto é, caso esgotada a competência para dizer se há ou não desproporcionalidade na hipótese específica. Pode-se fazer um *caminho de volta* na presente pesquisa.

Todavia, enquanto houver a possibilidade de se proclamar hipótese de excepcionalidade (caráter altamente contingente), o juízo de admissibilidade parece muito se embotar, porque a competência para este tópico é da Corte Superior.

4.

JUÍZOS DE ADMISSIBILIDADE E DE EXCEPCIONALIDADE À LUZ DA FILOSOFIA DA CONTINGÊNCIA E DA ESTRUTURA JUDICIÁRIA DA COMPETÊNCIA – 14 CASOS ANALISADOS

Uma vez apresentados os eixos da contingência e competência, o que se põe em ressalto é a noção segundo a qual a contingência estabelece que, a partir da criação de condições, uma proposição, que num mundo possível, é falsa, pode se tornar verdadeira, no outro.

Em sentido jurídico, o estabelecimento de condições se dá com o Recurso Especial da parte, que, ao lançar argumentação segundo a qual *houve desproporcionalidade, e por isso é preciso revisão do tema*, há, por imediato, a possibilidade de que um mundo se firme no sentido pretendido.

A já citada acepção de Duns Scotus segundo a qual *contingente é aquilo cujo oposto poderia ocorrer no momento em que aquilo ocorre* é de aplicação imediata nas discussões acerca das possibilidades recursais.

É que o recurso judicial é tipicamente binário: *conhece-se* ou *não se conhece* do recurso. Ainda que haja conhecimento parcial, na porção em que é conhecido pode implicar provimento ou não provimento da insurgência. Referida manifestação resulta em manter-se ou não a decisão que ensejou o manejo do recurso.

A existência de recursos[23] judiciais frente a uma decisão que se considera desfavorável permite viabilizar o *oposto que poderia ocorrer* segundo a visão de Scotus, a partir da invocação de autoridade judicial que tenha o poder de revisar o que fico decidido na solução anterior recorrida.

A partir da lógica de pensamento de Saul Kripke (2012, p. 13), o acórdão de um Tribunal como o do Estado de Sergipe, por exemplo, poderia ter seguido qualquer caminho quanto ao certo pronunciamento judicial: o recurso que gerou a manifestação poderia não ter sido conhecido por intempestividade; o julgado poderia ter absolvido por completo o réu; poderia ter declarado uma severa nulidade e determinado o retorno dos autos à origem para novo julgamento; poderia ter demorado muito tempo para ser apreciado o recurso que, ao final, foi considerado prejudicado, por perda de objeto, com o falecimento do réu.

Contudo, não se pode dizer, de modo algum, que não poderia ser outro que não o acórdão do Tribunal de Justiça Sergipano para aquele caso. Mesmo que alguém pudesse nomeá-los diferentemente, como por exemplo, um dizer que se trata de *acórdão*, ao passo que outro o reputa *decisão colegiada*, isso não mudaria a circunstância de que é aquela precisa manifestação e de não-outra; há um aspecto excludente da competência, consoante já se dissertou em capítulo próprio (CINTRA; GRINOVER; DINAMARCO, 2010, p. 251), sendo esse um aspecto que deve ser considerado com extremo ressalto.

Muitos objetos poderiam ser bastante diferentes do que realmente são, mas nenhum objeto poderia não ser ele próprio – afirmou Ricardo Santos, Professor da Universidade de Évora, ao introduzir, para a versão portuguesa, a obra *Nomear e a Necessidade*, de Saul Kripke (2012, p. 13).

A concepção kripkeana diz muito acerca da competência: torna *necessária* a existência da manifestação.

---

23. Em sentido popular, o uso da expressão *recurso* tem acepção mais ampla, embora muito aproximada da ideia de contingência. É que, em sentido não-jurídico, *recurso* é utilizado *como qualquer meio* de que se pode servir perante o Poder Judiciário para resolver alguma controvérsia. É comum ouvir que, diante de um problema, alguém afirme é preciso fazer um recurso na Justiça, ou *tem que recorrer ao Juiz para resolver esta situação*. Trata-se de contingência (cenário de um mundo possível contrário ao que ocorreu) e da competência (autoridade com poder de reversão) conjugadas.

Nesse compasso, a propriedade essencial (necessária) do acórdão é ser um acórdão, isto é, julgamento proferido pela autoridade judiciária. A propriedade acidental (contingente) é que pode manter determinada condenação, mas também pode ser de outro modo, isto é, praticar completa modificação do que foi apreciado.

No âmbito da discussão que campeia o presente estudo, sucede que o acórdão de um Tribunal apenas contingentemente emite declaração acerca da proporcionalidade nos temas de dosimetria de sanções por improbidade, de *quantum* reparatório, de verba honorária de Advogado.

Trata-se de propriedade acidental daquela específica decisão, enquanto manifestação excludente de competência.

Contudo, justamente por esse aspecto acidental do julgamento, o recurso judicial a desafia, com a linguagem dos *mundos possíveis*.

Quando se desata o recurso judicial, quer-se dizer que o futuro já está determinado. Isto porque já se sabe que ou a decisão recorrida *será mantida, ou não*. No exemplo dado por Aristóteles para tratar dos problemas contingentes, tem-se a batalha naval, ou seja, *ou amanhã haverá uma batalha naval, ou não* (BRANQUINHO; MURCHO; GOMES, 2005, p. 106). O futuro já está determinado, quer haja ou não uma batalha naval amanhã.

Porém, ao obstar o prosseguimento do Recurso Especial por razões atreladas à aplicação da Súmula 7/STJ, parece que o juízo de admissibilidade efetuado pela Presidência do Tribunal de origem, em lugar de proclamar cenário de *contingência* (possibilidade de ser reconhecida hipótese de desproporção), apõe uma *necessidade* lógica, lançando, para tanto, a seguinte fórmula: para investigar a existência, ou não, de aplicação irrazoável de penalidades, de indenização, de verba honorária, é preciso antes passar por um reexame dos fatos e das provas constantes dos autos.

4.1. PROCEDIMENTO METODOLÓGICO DA ANÁLISE DE CASOS CONCRETOS

Apresentadas tais premissas, expõem-se casos que ilustram a hipótese lançada nesta obra. Antes de tudo, é necessário descortinar o *procedimento metodológico*, isto é, como os casos foram selecionados para o estudo.

Primeiramente, para não submeter as partes litigantes a exposição pública, optou-se por processos já julgados, ao menos em Colegiado do Superior Tribunal de Justiça.

A seleção dos casos se inicia com o acesso ao portal eletrônico do Superior Tribunal de Justiça na Internet, na seção correspondente à Pesquisa de Jurisprudência (http://www.stj.jus.br/SCON/).

No campo *Pesquisa Livre*, foram preenchidas as seguintes expressões, para consulta realizada ao longo do mês de fevereiro de 2018:

Tabela 3 – Termos lançados na Pesquisa de Jurisprudência do STJ e o quantitativo dos resultados para cada categoria de busca

Termos de Pesquisa	Quantidade de acórdãos advinda como resultado (fev/2018)
improbidade: (improb$ e sanç$ e ($propor$ ou razoa$)) e aresp.clap.	122
dano moral: (indeniza$ com dano$ adj mora$ e ($propor$ ou razoa$)) e aresp.clap.	3.539
honorários advocatícios: (honorário$ e ($propor$ ou razoa$)) e aresp.clap.	747

O operador *$* permite variar a solução de busca, como, por exemplo, em indeniza$, uma vez que permite pinçar julgados contendo expressões como indenização, indenizatório, indenizante, assim como improb$ permite resultados para ímprobo/ímproba, improbidade; $propor$ permite proporção, proporcional, proporcionalmente, desproporcional, desproporção, desproporcionada. Esse operador permite localizar plurais e sinônimos, mesmo que existam essas correspondentes caixas de marcação como opção de busca.

O operador *aresp.clap* permite obter um filtro especificado de processos, uma vez que *busca a classe padrão e recupera espelhos de acordão que contenham a classe padronizada e todos os seus desdobramentos ou antecedentes ocorridos no STJ*[24]. Ou seja, apenas os Agravos em Recurso Especial são selecionados como resultado para a consulta.

24. http://www.stj.jus.br/file_source/STJ/Midias/arquivos/2709_Campos_do_Acordao_com_Logo_v4.pdf , acesso em 16.02.2018.

Por si só, tais explanações assinalam que a busca é refinadíssima. A quantia de processos, ou o universo analisado, reduz substancialmente, por uma questão lógica da exigência de resultados com as expressões especificadas. Contudo, os números são, ainda, elevados, considerando-se que há vários filtros de pesquisa.

Casos em que houvesse aposição de segredo de justiça foram descartados, por mais que a tese neles vertida fosse de extrema utilidade a esta pesquisa. É que, para o objetivo desta obra, há necessidade de perscrutar amplamente a matéria de fundo, isto é, o que aconteceu na espécie, quais foram os argumentos adotados pela parte insurgente, os caminhos adotados por sua defesa técnica, os desdobramentos jurídicos das soluções praticadas. Tornar-se-ia eticamente temerário lançar mão desses eventuais casos revestidos de sigilo de informação, ainda que sob os auspícios da pretensão de realizar pesquisa científica.

Outra ressalva importante é que os processos foram acessados pelo sistema interno de visualização de processos do Superior Tribunal de Justiça. Referida circunstância, isto é, o fato de o autor da obra ser Servidor do Tribunal, não constitui privilégio algum frente a qualquer outro pesquisador, uma vez que os autos podem ser acessados por meio de um Advogado que possua certificado digital, sendo assim possível efetuar o *donwload* do caderno processual virtual, desde que não haja segredo de justiça (este estudo não se utiliza de feitos que possuam este atributo).

Consoante a Resolução STJ 10/2015, que *regulamenta o processo judicial eletrônico no Superior Tribunal de Justiça*, disponibilizada no Diário de Justiça Eletrônico de 07.10.2015, é livre a consulta pública aos processos eletrônicos pela rede mundial de computadores, mediante o uso de certificação digital, nos termos da legislação em vigor, sem prejuízo do atendimento presencial no Tribunal. É o teor do art. 20 dessa Resolução.

Noutras palavras, tanto pela rede mundial de computadores, quanto por atendimento presencial, a quem tenha *certificação digital* (a Resolução não restringe a Advogados, embora pareça haver certa implicitude de que se dirige a esses profissionais, embora Contadores, por exemplo, também possam tê-la), é possível acessar o conteúdo dos processos em sua integralidade (ressalvados os feitos com segredo de justiça, sempre é válido reiterar).

Ao afã de rápido comentário, esta Resolução cuida de solução administrativo-processual de extrema sensibilidade da Corte Superior. É que, considerando que tem *Jurisdição em todo o território nacional*, segundo o art. 92, § 2º, da Constituição Federal de 1988, a acessibilidade aos autos (consulta pública, nos termos da Resolução) permite aos Advogados em qualquer lugar do País proceder à visualização remota e eletrônica de processos nos quais atuem ou que potencialmente venham a atuar (necessidade de consulta prévia da situação processual para entendimentos com a parte a ser patrocinada; estudo de casos similares).

O que se quer dizer é que um pesquisador não teria grandes dificuldades para conseguir visualizar os processos; pelo contrário, o Superior Tribunal de Justiça emitiu demonstrações de que ampliou a acessibilidade pública dos autos, e não apenas dos atos processuais, como sói acontecer com a busca de andamentos processuais no sítio eletrônico.

Outro tópico que merece registro é a circunstância de serem analisados processos judiciais. Há um campo de pesquisa muito legitimado nesse meio, concernente à *Metodologia de Análise de Decisões-MAD* (FREITAS FILHO; LIMA, 2010) e em *Análise Crítica do Discurso Jurídico-ACDJ* (COLARES, 2014), que perscrutam e estudam casos judiciais e o teor das manifestações judiciais proferidas, visando ao alcance de compreensões e conclusões sobre linguagem e o raciocínio que permeia a construção do discurso lógico decisional.

Agora é momento de fazer importante parada metodológica. É que os cinco primeiros casos abaixo analisados foram selecionados pelo autor desta pesquisa, com base em notícias, casos que tomou conhecimento por meio de outros julgados, ou um item foi pinçado a partir de busca em banco de jurisprudência, em certos momentos por instigação quanto aos aspectos de fundo contidos no tópico. Em resumo, foram itens *escolhidos*.

Ocorre que, ao autor deste estudo, surgiu o receio de haver o questionamento acerca do porquê de terem sido selecionados tais ou quais casos, o que poderia dar margem a eventual perda de confiabilidade da tese; noutras palavras, de que estaria havendo potencial *viés da pesquisa*.

Então, uma solução encontrada para transmitir isenção de pesquisa é a utilização de um *gerador randômico*[25] *de números*, dis-

---

25. Randômico é originário de *random*, expressão inglesa designativa do que é aleatório, ao acaso, fortuito.

ponível na rede mundial de computadores[26], com a finalidade de promover a seleção de itens.

Assim, os resultados obtidos com a inserção dos termos na pesquisa de jurisprudência para os casos de improbidade administrativa, de dano moral e de honorários advocatícios (listados acima) são considerados, cada qual, como o universo de itens potencialmente a serem escolhidos para análise.

Serão selecionados três itens de cada categoria do universo dos *quinhentos mais recentes processos*, totalizando nove casos para estudo focalizado, consoante o apontamento aleatório advindo do gerador de números.

Somente a classe AREsp é selecionável, de modo que, se houver indicação por sorteio da classe REsp, ou outro tipo de processo (como Mandado de Segurança ou Reclamação, por exemplo), o item seguinte é tomado para estudo, até se achar um Agravo. Se porventura a matéria de fundo não tiver relação com o corrente estudo (ter sido, portanto, um tópico espúrio ao termo de pesquisa pretendido), é para logo descartado, passando-se ao documento seguinte como o indicado. Essa possibilidade de a geração randômica recair sobre item indesejado é reduzida pelos operadores-padrão de pesquisa que o sítio eletrônico do Tribunal disponibiliza (*aresp.clap.*).

A geração de números aleatórios para indicação de estudo tem a vantagem de permitir sejam identificadas nuanças e particularidades nas conduções processuais (por levar a casos sobre os

---

26. Há, atualmente, grande disponibilidade de programas de computador e aplicativos que efetuam a geração de números aleatórios, dentro de uma base que se queira livremente inserir. Existe, por exemplo, o site www.sorteador.com.br, que tem uma vocação para gerar números de sorteio em concurso de prognósticos. Há, também, os site CalcProfi (http://pt.calcprofi.com/gerador-de-numeros-aleatorios-on-line.html), que tem interface bem simples e objetiva para o lançamento de dados, e há o site https://www.invertexto.com/numeros-aleatorios, que tem a vantagem de inserir colunas de resultados. Na presente pesquisa, só não é possível buscar os 6 resultados numa só inserção porque as bases de dados são distintas em cada qual das categorias. É possível, também, utilizar o Excel para gerar números aleatórios, por meio de fórmula própria.

quais pode surgir o inusitado, o desconhecido), sobretudo ao pesquisador que não necessita estritamente dos casos concretos para confirmar sua tese, mas apenas para permitir visão amplificada do objeto de pesquisa.

Por conseguinte, utilizando a ferramenta *Gerador de Números Aleatórios* do sítio eletrônico www.invertexto.com, tem-se os seguintes resultados:

Tabela 4 – Universo de pesquisa e Resultado dos números aleatórios que indicarão os itens a serem tomados em estudo

Termos de Pesquisa	**Quantidade de acórdãos advinda como resultado (fev/2018)**	**Resultado dos números aleatórios (item da lista a ser tomado em estudo)***
improbidade: (improb$ e sanç$ e ($propor$ ou razoa$)) e aresp.clap.	122	23 / 37 / 53
dano moral: (indeniza$ com dano$ adj mora$ e ($propor$ ou razoa$)) e aresp.clap.	3.539	36 / 169 / 206
honorários advocatícios: (honorário$ e ($propor$ ou razoa$)) e aresp.clap.	747	72 / 101 / 301

Fonte: https://www.invertexto.com/numeros-aleatorios. Pesquisa efetuada em 16 e 17.02.2018.

Apenas para se ter noção do dimensionamento com que os temas chegam na Corte Superior – ao menos em relação aos feitos que contaram com algum tipo de manifestação judicial terminativa, com forte tendência ao não conhecimento/não provimento –, é interessante registrar o número de decisões monocráticas com esses termos de pesquisa:

Tabela 5 – Quantitativos de feitos apreciados monocraticamente pelo Superior Tribunal de Justiça, considerando o mês de fevereiro de 2018

Termos de Pesquisa	Quantidade de feitos apreciados monocraticamente (fev/2018)
improbidade: improb$ e sanç$ e ($propor$ ou razoa$)	5.861
dano moral: indeniza$ com dano$ adj mora$ e ($propor$ ou razoa$)	110.871
honorários advocatícios: honorário$ e ($propor$ ou razoa$)	277.180

Fonte: página eletrônica do Superior Tribunal de Justiça (www.stj.jus.br)

De posse desses números representativos de processos julgados em Colegiado, identifica-se o item. Na pesquisa de jurisprudência do sítio do Superior Tribunal de Justiça, os itens resultantes estão identificados como "Documento 1", "Documento 2", e assim sucessivamente, até esgotar o quantitativo, de acordo com as respostas encontradas para os termos lançados. Assim, ficou bem preciso identificar o item adveniente do gerador randômico.

Lembre-se que a pesquisa está sendo feita em fevereiro de 2018. Contudo, o Superior Tribunal de Justiça continua a julgar casos com os temas referidos após esse período. Consequentemente, se se pretender refazer o caminho metodológico para eventual verificação de confiabilidade, é muito provável que o item já não será correspondente, uma vez que novos itens são continuamente inseridos na base de dados, tão logo efetuados os julgamentos.

Os cinco primeiros casos ficam como ilustrativos da tese, sobre os quais se utilizou critério subjetivo para escolha (instigação acerca das peculiaridades), embora se diga que são confiáveis e não foram selecionados para gerar tendência de confirmação da pergunta de trabalho.

Eis os resultados oriundos do gerador randômico de números:

Tabela 6 – Processos localizados por força do gerador randômico de números

Termos de Pesquisa	Quantidade de acórdãos advinda como resultado (fev/2018)	Resultado dos números aleatórios (item da lista a ser tomado em estudo)*	Processos correspondentes ao número aleatório
improbidade: (improb$ e sanç$ e ($propor$ ou razoa$)) e aresp. clap.	122	23 / 37 / 53	AgInt no AREsp 966.728/MG AgRg no AREsp 371.808/SC AgRg no AREsp 790.561/RJ
dano moral: (indeniza$ com dano$ adj mora$ e ($propor$ ou razoa$)) e aresp. clap.	3.539	36 / 169 / 206**	AgInt nos EDcl no AREsp 999.974/RJ AgInt no AREsp 1.074.215/PE AgInt nos EDcl no AREsp 852.428 / SC
honorários advocatícios: (honorário$ e ($propor$ ou razoa$)) e aresp. clap.	747	72 / 101 / 301	AgInt no AREsp 1.024.106/SP AgInt no AREsp 919.071/ES AgRg no AREsp 523.964/MS

**Fonte: https://www.invertexto.com/numeros-aleatorios. Pesquisa efetuada em 16 e 17.02.2018.*

*** O Documento 206 corresponde a um caso com segredo de justiça. Foi substituído pelo 207.*

De posse de tais informações, os casos selecionados serão adiante expostos.

4.2. ANÁLISE DOS 14 CASOS CONCRETOS

4.2.1. AREsp 727.125/ES – revisão de dosimetria das sanções aplicadas por improbidade administrativa

O Agravo em Recurso Especial 727.125 é proveniente de julgamento de Apelação pelo Tribunal de Justiça do Estado do Espírito Santo. Na origem, a Corte Capixaba confirmou a sentença que condenou o então Presidente da Câmara Município de Guaçuí/ES às sanções por improbidade administrativa, por ter, segundo a acusação, autorizado, entre 2007/2008, o pagamento de diárias indevidas a Servidores, que totalizaram o valor histórico de R$ 4.724,00.

O recorrente – o então Presidente da Edilidade – veiculou insurgência ao Superior Tribunal de Justiça, alegando, além da inocorrência de ato ímprobo, que houvera desproporção na aplicação das sanções, argumentando que o acórdão violou o art. 12 da Lei 8.429/1992, que trata justamente da dosimetria das reprimendas aplicadas. No Recurso Especial, o insurgente alegou o seguinte, no afã de obter a revisão dosimétrica:

> *39. Diante desse cotejo, é inequívoca a desproporcionalidade na fixação de quase todas as penas previstas pela prática da infração prevista no art. 10 da Lei n° 8.429/92, mormente pois a literalidade de seu art. 12 e parágrafo único determina a cumulação ou não se sanções, tudo num juízo de proporcionalidade entre o fato e á sanção.*
>
> *40. Pensar de outra forma, é, em detrimento do princípio da individualização da pena (art. 5o, inciso XLVI, da CF), igualar o agente que comete ato ímprobo culposo que insignificante prejuízo ao erário, com aquele agente que pratica improbidade de maneira doloso afligindo grave dano ao patrimônio público.*
>
> *41. Sendo assim, merece ser extirpada da sanção as penalidades de suspensão de direitos políticos e proibição de contratar com o poder público, mantendo-se somente a aplicação de multa ao Recorrente* (fls. 909).

Remetidos os autos à efetivação do juízo de admissibilidade da insurgência, o recurso teve seu processamento indeferido pela

Presidência do Tribunal, ao fundamento, entre outros, de que a espécie demandaria o reexame do contexto fático-probatório para a verificação da alegada desproporcionalidade das sanções. E afirmou, além disso, que não se verificava no caso desproporção na aplicação das sanções, ou seja, não seria, para a Corte de origem, hipótese de juízo de excepcionalidade, à constatação de que *o inciso II, do artigo 12 da Lei 8.429/92, prevê o ressarcimento integral do dano, perda dos bens ou valores acrescidos ilicitamente ao patrimônio, se concorrer esta circunstância, perda da função pública, suspensão dos direitos políticos de cinco a oito anos, pagamento de multa civil de até duas vezes o valor do dano e proibição de contratar com o Poder Público ou receber benefícios ou incentivos fiscais ou creditícios, direta ou indiretamente, ainda que por intermédio de pessoa jurídica da qual seja sócio majoritário, pelo prazo de cinco anos* (fls. 924).

Ao aportar o caso no Superior Tribunal de Justiça, a Ministra Relatora, Regina Helena Costa, houve por bem negar provimento ao Agravo em decisão monocrática, ao entendimento de que a espécie demandaria o reexame de fatos e provas em sede especial (Súmula 7/STJ). Em sede de Agravo Interno manejado pelo réu na ação, a decisão foi confirmada, tendo contado o voto condutor do acórdão com o seguinte trecho, no que interessa:

> *(...) é firme o entendimento deste tribunal no sentido de ser possível, em sede de recurso especial, a revisão da dosimetria das penas no caso de se constatar a desproporcionalidade entre os atos praticados e as sanções impostas pelo tribunal de origem. (...).*
>
> *In casu, o Recorrente foi condenado pela prática das condutas descritas nos arts. 10, I e XI, da Lei n. 8.429/92, enquanto Presidente da Câmara Municipal de Guaçuí/ES, por ter autorizado o pagamento de diárias a servidores públicos daquela casa legislativa, de maneira reiterada e sem correlação com a atividade pública.*
>
> *Dessa forma, verifico que as sanções aplicadas pelo juiz monocrático e mantidas pela Corte de origem, consistentes em suspensão dos direitos políticos por cinco anos e proibição de contratar com o Poder Público ou receber benefícios ou incentivos fiscais ou creditícios, direta ou indiretamente, ainda que por intermédio*

> *de pessoa jurídica da qual seja sócio majoritário, pelo mesmo período, são proporcionais aos atos ímprobos cometidos.*
>
> *No mesmo trilhar, observo que a multa civil, aplicada no grau máximo de duas vezes o valor do dano, também se apresenta razoável, porquanto não determinado o ressarcimento ao erário como sanção autônoma.*
>
> *Ademais, considero a fundamentação acima transcrita e adotada na decisão monocrática suficiente, notadamente por particularizar a situação analisada nestes autos, e por se referir e manter o entendimento manifestado pelo tribunal de origem acerca do tema, não havendo nenhum fato novo que justifique maiores reflexões neste agravo em recurso especial.*

No contexto da presente obra, o que para logo suscita atenção é que, frente à competência para o juízo de excepcionalidade e a partir de um ideário de contingência filosófica (o recurso pretende um dos mundos possíveis, que não é aquele que se formou no acórdão), a Presidência da Corte Capixaba se manifestou expressamente que a hipótese não cuidaria de exceção, não sem antes afirmar que rever dosimetria de sanções era caso de aplicação da Súmula 7/STJ.

Pode-se dizer que esta solução permite ao observador bem indagar as amplitudes do juízo de admissibilidade.

Como visto no tópico referente ao juízo de excepcionalidade, o Superior Tribunal de Justiça considera a revisão de dosimetria hipótese em que a Súmula 7/STJ deve incidir, salvo nas hipóteses de desproporção, circunstância em que, portanto, ele [o Tribunal Superior] terá que verificar, se e quando veiculado pedido recursal com tal conteúdo.

Note-se que, no caso trazido a estudo, a Presidência do Tribunal de origem, não apenas se limitou a afirmar que *era reexame de provas em sede especial*. Lançou fundamento de que não era hipótese excepcional, isto é, que *as sanções aplicadas ao réu estavam bem adequadas*.

É revelador que, nessa situação, o Superior Tribunal de Justiça, apenas em sede de Agravo Interno, exerceu a sua competência em dizer se era caso ou não de excepcionalidade, dissipando o aspecto contingente que se instalou no Recurso Especial, isto é, *as repri-*

mendas em improbidade foram consideradas razoáveis pelo Tribunal Estadual, mas poderiam não ser razoáveis num outro mundo (no caso, o mundo jurídico-processual). Essa é a noção axial de contingência.

Segundo a tese deste estudo, pouco importa se as sanções eram ou não adequadas. Nem é importante saber se realmente deveria ou não o Tribunal Superior ter desenvolvido a interpretação de que pode balancear as sanções por desproporção. Noutras palavras, não é objeto do trabalho investigar as razões que conduziram o Superior Tribunal de Justiça a declarar-se competente ao tema. O ponto de partida é que, ao longo dos anos, isso ocorreu.

Para a tese deste trabalho, parece que não seria possível, em termos de contingência filosófica, o Tribunal de origem se adiantar na análise de desproporção. Provocada a violação do art. 12 da Lei 8.429/1992, os autos – por império da competência (que a Corte Superior desenvolveu para as exceções) e da contingência filosófica (*mundo possível* aberto pelo REsp) – comportariam imediato envio para distribuição à relatoria de um dos Ministros componentes da apropriada Seção no Tribunal (no exemplo, a Primeira Seção, que cuida de processos de improbidade administrativa).

4.2.2. AREsp 1.043.880/RJ – revisão de verba honorária de Advogado

O Agravo em Recurso Especial 1.043.880/RJ é proveniente de julgamento de Apelação pelo Tribunal de Justiça do Estado do Rio de Janeiro. Na origem, a Corte Fluminense reformou parcialmente a sentença em causa de fornecimento de fármaco para tratamento do Mal de Alzheimer, para reduzir a remuneração de honorários advocatícios de sucumbência fixados no pronunciamento de origem. Do importe extraído em *20% sobre o valor da causa* (R$ 7.728,00), constante da sentença, o Tribunal, em recurso de Apelação manejado pelo Município de Iguaba Grande/RJ, reduziu para quantia definida de R$ 300,00.

A parte recorrente – Defensoria Pública do Estado do Rio de Janeiro – veiculou insurgência ao Superior Tribunal de Justiça, alegando que o aresto praticou violação ao art. 20, §§ 3º e 4º do Código de Processo Civil de 1973, ao argumento de que a fixação da verba honorária de Advogado em meio-salário mínimo (conteúdo de determinado édito sumular da Corte local) desvaloriza o trabalho do profissional.

Aduziu que estava a litigar contra ente federativo diverso (Defensoria do Estado contra Município) e que *o Superior Tribunal de Justiça tem entendido que os valores de honorários advocatícios quando fixados de modo irrisório, ou inapto a remunerar dignamente o trabalho do profissional, ou mesmo atentatório à dignidade da justiça, deve ser revisto* (fls. 212). Lançou, nas razões de recurso, julgados do Superior Tribunal de Justiça símiles à hipótese vertente, inclusive um que teria efetuado a revisão dos honorários em causa advinda do Rio de Janeiro e patrocinada pela Defensoria Pública.

Na petição recursal, vê-se argumento que focaliza o ponto dos *critérios de avaliação* quando se está a trata de *honorários advocatícios*:

> *Com a sensibilidade jurídica, o Superior Tribunal de Justiça adota o entendimento do dispositivo processual correto para a verba sucumbencial, uma vez que não é possível aceitar é que haja sem uma previsão legal de um limite máximo para a fixação de tal verba quando a legislação pede que se observem vários fatores para o critério de avaliação* (fls. 218).

Submetido o Recurso Especial ao juízo de admissibilidade, a Terceira Vice-Presidência do Tribunal indeferiu o processamento do recurso.

Ao fundamentar a negativa de trânsito, a autoridade judiciária, embora tivesse adiantado o desfecho de inadmissão, sinalizou, num primeiro momento, acerca do juízo de equidade, nas palavras da Corte Fluminense.

Lançou fundamento nos seguintes termos, no tocante ao que chamou de juízo de equidade (correspondente ao que aqui se intitula juízo de excepcionalidade):

> *A jurisprudência do Superior Tribunal de Justiça firmou o entendimento de que somente seria possível o conhecimento do recurso excepcional para alterar os honorários advocatícios sucumbenciais arbitrados por equidade (art. 20, §§ 3º e 4º, CPC/1973),*

aumentando-os ou reduzindo-os, quando o montante estipulado na origem se afastar do princípio da razoabilidade, ou seja, quando se distanciar do juízo de equidade insculpido no comando legal. Em tais circunstâncias, e somente nestas, a Corte Superior, excepcionalmente, admitiria que se examinasse a questão afeta à verba honorária, para se adequar, em sede de recurso especial, o montante fixado na instância ordinária ao critério de equidade estipulado na lei, quando o valor indicado for exagerado ou irrisório. Precedente: AgRg no EREsp n. 432.201/AL, Rel. Min. José Delgado, Corte Especial DJ de 28.3.2005 (fls. 238-239).

Contudo, na afirmação que a esta seguiu, o caso foi reputado como suscitador de reexame de matéria fático-probatória em sede especial, o que o conduziu a ter seu processamento indeferido. Perceba-se o arremate do exame admissional:

> *Ressalvada a ocorrência das exceções acima previstas, ou a manifesta violação dos limites legais, a revisão dos critérios de justiça e de razoabilidade utilizados nas instâncias ordinárias para o arbitramento dos honorários de Advogado como ônus da sucumbência dependeria da reapreciação dos elementos fático-probatórios do caso concreto, circunstância que atrairia a incidência do verbete n. 7, da Súmula do Superior Tribunal de Justiça.*
>
> *(...)*
>
> *Tendo em vista a não satisfação das exigências legais e regimentais, DEIXO DE ADMITIR o Recurso Especial interposto, pelo veto da Súmula n. 07 do e. STJ* (fls. 239).

Pela via do Agravo em Recurso Especial, o caso aportou o Superior Tribunal de Justiça, sendo distribuído ao Relator, Ministro Gurgel de Faria.

Muito embora tenha rejeitado monocraticamente a pretensão recursal, o que é de relevo para o presente trabalho é a circunstância de ter sido analisada de maneira amiúde a *contingente situação de excepcionalidade*, que não foi identificada (mas que poderia ter ocorrido e somente a observação caso a caso dirá a respeito). Note-se:

> *Na hipótese dos autos, sopesando a complexidade da causa, que não necessitou de dilação probatória, tenho que a fixação do valor*

> *R$ 300,00 é suficiente para remunerar dignamente o trabalho da Defensoria Pública Estadual, sem todavia onerar demasiadamente o erário (fls. 312-313).*

Apesar de ter sido descartada a alteração dos honorários pretendida pela Defensoria Pública Fluminense no caso concreto, não deixou de ser efetuada a apreciação tópica, a partir das circunstâncias factuais emolduradas pelo acórdão recorrido. A percepção de que *não é o caso dos autos*, reprisada em sede de julgamento de Agravo Regimental, é a fórmula de afirmação própria de que foi ao menos considerada a contingente alterabilidade do *quantum*, como se os Julgadores dissessem, em sua manifestação de competência, *não alteramos os honorários no caso, mas poderíamos ter alterado*. O Agravo Interno que se seguiu ao pronunciamento unipessoal teve o seguinte desfecho:

> *PROCESSUAL CIVIL E TRIBUTÁRIO. AGRAVO INTERNO NO RECURSO ESPECIAL. HONORÁRIOS ADVOCATÍCIOS. FIXAÇÃO EM VALOR RAZOÁVEL. REVISÃO. INVIABILIDADE. SÚMULA 7 DO STJ.*
>
> *(...)*
>
> *Na instância especial, a revisão do juízo de equidade para a fixação de honorários advocatícios (art. 20, § 4º, do CPC/1973) somente é admitida quando o valor arbitrado é irrisório ou exorbitante, **não sendo o caso dos autos**. Incidência da Súmula 7 do STJ.*
>
> *Agravo interno desprovido.*
>
> (AgInt no REsp 1.319.992/ES, Rel. Ministro Gurgel de Faria, Primeira Turma, DJe 10.10.2016, grifado)

No caso, o que se mostra apto a imediata observação para a finalidade deste estudo é que o juízo de admissibilidade assinala expressamente que é possível a adoção de um critério de proporcionalidade nos feitos que contenham a pretensão de modificação do *quantum* de honorários.

Em termos de contingência e competência, é de se indagar qual é o teor da fundamentação contida sob o caráter de exame da admissibilidade. Noutros dizeres, qual é a *identidade* dessa fase processual?

Isto porque a Presidência do Tribunal afirma que, regra geral, alteração de honorários advocatícios em sede especial demanda a análise de fatos e provas da causa específica.

Se é certo que considera que há uma Corte específica para analisar possíveis, prováveis e frequentes casos de modificação de honorários nas hipóteses de verificada desproporção (para mais ou para menos) em instância superior, é de se refletir acerca da serventia de aplicação do enunciado 7 das Súmulas do Superior Tribunal de Justiça, uma vez que, para proceder à modificação por desproporcionalidade, sempre há de ser acionada a represa de dados insertos no acórdão recorrido, num juízo comparativo entre aquilo que o Tribunal de origem efetuou como exame e aquilo que poderia ter sido contingentemente atribuído à espécie como *quantum*.

Além disso, como poderia antever se era, ou não, caso de irrisoriedade ou excesso? Noutras palavras, ao dizer a Presidência do Tribunal de origem "ressalvada a ocorrência das exceções", como saber que a Corte Superior, em seu juízo próprio de equidade (competência), terminará ou não (contingência) a ver o caso como hipótese excepcional?

Este caso, portanto, é exemplar para a exposição da pergunta que é apresentada neste estudo, dada a importância acerca do que a contingência e a competência representam como reflexão estruturante para essa fase de transposição endoprocessual entre Tribunais.

4.2.3. AREsp 669.257/RJ – revisão de verba honorária de Advogado

O AREsp 669.257 é proveniente de julgamento de Apelação pelo Tribunal Regional Federal da 2ª Região, que abrange os Estados do Rio de Janeiro e de Espírito Santo. Na origem, a Corte Regional manteve sentença que fixou em R$ 2.000,00 os honorários advocatícios em ação de natureza tributária, no qual pessoa jurídica empresária litigou contra a Fazenda Nacional e obteve o reconhecimento de insubsistência de débito de contribuição previdência, dada a fluência de prazo para lançamento.

O Tribunal entendeu, na ocasião, que *a causa é de menor complexidade, permitindo a aplicação do §4º do art. 20 do Código de Processo Civil, que permite ao juiz prolator da sentença a fixação dos honorários abaixo do percentual de 10% do valor da causa* (fls. 611).

O aresto contou com a seguinte ementa:

> *TRIBUTÁRIO. PROCESSULAL. CIVIL. APELAÇÃO. APLICAÇÃO DA SÚMULA VINCULANTE. VALOR DOS HONORÁRIOS.*
>
> *1- Causa envolvendo aplicação de súmula vinculante é de menor complexidade cabendo a condenação do vencido de acordo com avaliação equitativa do juízo de Origem.*
>
> *2- Recurso de apelação a que se nega provimento.*

Houve posterior oposição de aclaratórios e o Órgão Julgador, em resposta, prestou esclarecimentos sobre os motivos pelos quais mantiveram a verba honorária conforme fixada, aduzindo *que estão presentes fatores previstos no §4º do art. 20 do Código de Processo Civil, demonstrando a proporcionalidade da condenação em honorários que o autor pretende majorar* (fls. 623).

Sobreveio o Recurso Especial do particular, no qual alegou que o acórdão violou o art. 20, *caput* e §§ 3º e 4º, do Código de Processo Civil, tomando por base os seguintes argumentos:

> *Ou seja, R$ 2.000,00(dois mil reais) equivale tão somente a 0,26248% (zero vírgula vinte e seis dois quatro oito por cento) do valor econômico perseguido na causa, valor este ínfimo e que não representa o risco profissional assumido pelo Advogado na demanda.*
>
> *Quanto ao risco econômico da parte, este é o próprio valor perseguido na demanda R$ 761.976,08 (setecentos e sessenta e um mil novecentos e setenta e seis reais e oito centavos), que somado ao custo da demanda, aí considerados o risco de sucumbência. despesas processuais, etc., não se coaduna com o valor de R$ 2.000,00 (dois mil reais) ou a "aproximadamente a 5 vezes o salário mínimo vigente á época" ou ainda a 0,26248% (zero vírgula vinte e seis dois quatro oito por cento) do valor econômico perseguido na causa, arbitrados como honorários advocatícios.*

> *(...).*
>
> *Verifica-se, portanto, que equidade, em suma, significa justiça, a qual, conforme disposto no § 4º do artigo 20 do CPC, deve ser levada em conta para o arbitramento dos honorários advocatícios, para tanto, a fim de se evitar arbitrariedade, baseada nos elementos destacados no § 30 da mesma norma, sendo certo que, repita-se, o arbitramento dos honorários advocatícios em 0,26248% (zero vírgula dois seis dois quatro oito por cento) do valor econômico perseguido na causa não representa justiça, não é razoável, não se trata de um ato de equidade, pois se trata de um valor ínfimo e atentatório à dignidade profissional do advogado.*
>
> *Este Egrégio Tribunal Superior entende que poderá ocorrer a revisão dos honorários advocatícios quando os valores fixados são irrisórios, hipóteses em que se afasta a incidência da Súmula n. 7 STJ* (fls. 635/638).

Submetido o Recurso Especial interposto ao juízo de admissibilidade, a Presidência do TRF da 2ª Região indeferiu o processamento da insurgência em apenas um sumário parágrafo, ao fundamento de que, *para se chegar à conclusão diversa do acórdão objurgado, toma-se imprescindível reexaminar o conjunto fático-probatório constante dos autos, o que é vedado em sede de recurso especial, a teor do enunciado da Súmula 7/STJ ("A pretensão de simples reexame de prova não enseja recurso especial")* (fls. 663). Inconformada, a parte endereçou Agravo ao Superior Tribunal de Justiça.

Embora tenha sido negado provimento ao recurso em apreciação monocrática pelo Ministro Relator Olindo Menezes (Desembargador Convocado do TRF da 1ª Região), que chancelou o acórdão por se tratar de causa de menor complexidade, o Colegiado foi provocado a se manifestar em Agravo Regimental, tendo prevalecido a tese do Ministro Napoleão Nunes Maia Filho, que, em voto divergente do Relator, Ministro Gurgel de Faria, entendeu que, na temática dos honorários advocatícios, *não se mostra razoável a fixação de tal valor* [R$ 2.000,00] *diante do valor da causa mais de R$ 700 mil, razão pela qual deve ser modificado para 1% sobre o valor da causa* (fls. 713). A ementa foi lançada nos seguintes termos:

> *PROCESSUAL CIVIL. AGRAVO REGIMENTAL NO AGRAVO EM RECURSO ESPECIAL. HONORÁRIOS ADVOCATÍCIOS. PEDIDO DE MAJORAÇÃO. CABIMENTO. VALOR DA CAUSA MAIS DE R$ 700 MIL REAIS. HONORÁRIOS FIXADOS PELO TRIBUNAL DE ORIGEM EM R$ 2 MIL. ALTERAÇÃO DO JULGADO PARA FIXAR EM 1% SOBRE O VALOR DA CAUSA. AGRAVO PROVIDO.*
>
> *1. A orientação desta Corte Superior é de que a revisão dos honorários advocatícios fixados pelas instâncias ordinárias somente é admissível em situações excepcionais, quando o valor revelar-se manifestamente irrisório ou excessivo, por demandar, em tese, a averiguação e avaliação do contexto fático-probatório dos autos.*
>
> *2. No caso, o Tribunal de origem, nos termos do art. 20, § 4o. do CPC, manteve a condenação em honorários advocatícios em R$ 2.000,00; o que não se mostra razoável diante do valor da causa mais de R$ 700 mil, razão pela qual deve ser modificado para 1% sobre o valor da causa.*
>
> *3. Agravo Regimental provido.*
>
> (AgRg no AREsp 669.257/RJ, Rel. Ministro Gurgel de Faria, Rel. p/ Acórdão Ministro Napoleão Nunes Maia Filho, Primeira Turma, DJe 20.10.2016).

Referido caso é um exemplar muito característico de que o Superior Tribunal de Justiça efetivamente exerce nova quantificação/metrificação para situações em que verifica excepcionalidade. No caso, constatou-se a irrisoriedade da verba de honorários de sucumbência.

Duas circunstâncias tornam este feito selecionável.

Primeiramente, o tema da proporcionalidade foi sobejamente argumentado pelo particular, sendo certo que a Corte de origem se manifestou expressamente acerca da proporcionalidade, e que a fixação teria sido razoável, inclusive com esclarecimentos bem especificados em sede de Embargos de Declaração. Essa exposição de motivos criou um substrato muito rico para que a causa pudesse ser alçada à Instância Extraordinária.

O outro aspecto – de extremo relevo para esta pesquisa – advém do fato de que, em agosto de 2014 (data em que foi proferido o despacho de exame admissional), já era há muito difundida a tese da possibilidade de a Corte Superior efetuar alteração do *quantum* de honorários advocatícios em situações excepcionais.

No entanto, sem qualquer ressalva, a Presidência da Corte Regional proclamou que a pretensão do recorrente, no aludido vetor, estaria vinculada a imprescindível reexame do conjunto fático-probatório dos autos.

A Presidência da Corte Regional, ao efetuar o juízo de admissibilidade, considera impossível a alteração do rol dosimétrico.

Contudo, por meio do Recurso Especial, abriu-se imediatamente aquele que seria o mundo possível da nova fixação de reprimendas, possível pelo manejo da súplica da parte inconformada, possível pelo entendimento da Corte Superior que se engendrou ao longo dos anos (não há mais simples aplicação cumulativa dos castigos de cada qual dos incisos art. 12 da Lei 8.429/1992 e sim a *dosificação*, com alto conteúdo de razoabilidade, individualização das condutas, nem exorbitante, nem irrisório).

Ao lançar-se no exame admissional, a Presidência da Corte não tinha meios para efetuar previsibilidade acerca da eventual modificação, isto é, se o caso comportaria (ou não) situação de excepcionalidade (se adequada, se exorbitante, se irrisória a fixação das sanções de improbidade).

Pode-se dizer que exerce certa competência, que seria o exame dos requisitos do Apelo Especial. Contudo, não se pode olvidar que, ao afirmar que a causa demanda reexame de fatos e provas em sede especial, o Tribunal termina por obliterar o exame de excepcionalidade do Superior Tribunal de Justiça, previsto por entendimento que se firmou ao longo dos anos.

4.2.4. AREsp 1.089.845/MG – revisão de dosimetria na aplicação de sanções por improbidade administrativa

O AREsp 1.089.845 é proveniente de julgamento de Apelação pelo Tribunal de Justiça do Estado de Minas Gerais. Na origem, a Corte das Alterosas apreciou insurgência manejada pelo então Alcaide do Município de Felixlândia/MG, que, segundo o libelo, teria praticado conduta ímproba por ter determinado a utilização de maquinário pertencente ao patrimônio da comuna para a realização de obras de construção de estrada e barragem em propriedade de sua sogra.

Conforme relata o próprio acórdão, o Magistrado de Primeiro Grau reconheceu ocorrente a prática de atos que se encontram tipificados na Lei de Improbidade Administrativa, condenando o réu às reprimendas de perda do cargo público, ao ressarcimento integral aos cofres municipais dos valores gastos na obra, tanto os valores efetivamente pagos a terceiros com recursos públicos quanto o valor de locação das máquinas e da mão de obra dos servidores municipais, à suspensão de direitos políticos pelo prazo de 10 (dez) anos, ao pagamento de multa civil de três vezes o valor do acréscimo patrimonial, à proibição de contratar com o Poder Público ou receber incentivos fiscais ou creditícios, direta ou indiretamente, ainda que por intermédio de pessoa jurídica da qual seja sócio majoritário, pelo prazo de 10 (dez) anos.

O Tribunal Mineiro, manifestando-se expressamente sobre proporcionalidade e razoabilidade, deu parcial provimento à súplica do implicado, razão pela qual efetuou decote de alguns dos *castigos*, isto é, excluiu do rol de sanções a proibição de contratar com o Poder Público, reduziu a multa civil para duas vezes o valor do acréscimo patrimonial (eram três vezes), e limitou a suspensão de direitos políticos em oito anos (eram 10 anos).

Sobreveio o Recurso Especial da parte demandada, o então Prefeito da urbe de Felixlândia/MG.

Para além de brandir a legalidade das obras que empreendeu, o insurgente argumentou que, por não ter praticado conduta com intenção de violar a probidade administrativa, as sanções permaneciam desproporcionais, conquanto tivessem sido minoradas pela Corte das Alterosas. Asseverou que se deveria efetuar aplicação isolada de pena, e não a cumulativa. O tema foi suscitado pelo recorrente nos seguintes termos, com invocação de ofensa ao art. 12 da Lei 8.429/1992:

> *Na forma do artigo 12 da Lei 8429/92, as penas em questão somente podem ser aplicadas de forma cumulativa se houver gravidade nos fatos apurados que assim autorize.*

> *É preciso também destacar que a redução das penas não foi procedida nos exatos limites da proporcionalidade indicada para o caso. Definitivamente, sopesando o fato de que a obra realizada pelo réu beneficiou toda a população local, em evidente proveito para o Município, não caberia a determinação de devolução de valores à própria municipalidade.*
>
> *Como já esclarecido, os atos praticados pelo réu não tiveram a finalidade de prejudicar o Município, como de fato não prejudicaram. Ao contrário, beneficiaram a população. Mais, não houve prova efetiva de dano ao erário, de prejuízo causado ao Município ou de algum proveito econômico revertido para o ora apelante, pelo que se requer sejam excluídas as penas aplicadas, ou pelo menos sua aplicação de forma isolada* (fls. 533-534 e-STJ).

Submetido o recurso o juízo de admissibilidade, a Presidência do Tribunal de origem deferiu o processamento do Recurso Especial, emitindo fundamentação nos seguintes termos:

> *A pretensão recursal é irrealizável, para o que não se prescinde da revisão de decisão assentada no que se inferiu do acervo probatório dos autos, cujo exame está reservado, exclusivamente, às Instâncias ordinárias, a teor do disposto no Enunciado n° 7 da Súmula do Superior Tribunal de Justiça, que, por sua vez, obsta a análise do recurso pela alínea "a" do permissivo constitucional.*
>
> *No tocante à insatisfação quanto às penalidades impostas, o recurso é igualmente inviável, porquanto, no entendimento do Superior Tribunal de Justiça, a modificação do quantitativo da sanção aplicada em ação de improbidade administrativa também enseja reapreciação dos fatos e da prova, o que é vedado em sede de recurso especial, nos termos da já pitada Súmula n° 7 do STJ. Confiram-se:*
>
> *(...) 5 A jurisprudência desta Corte é uníssona no sentido de que a revisão da dosimetria das sanções aplicadas em ações de improbidade administrativa implica reexame do conjunto fático-probatório dos autos, o que esbarra na Súmula 7/STJ, salvo em casos excepcionais, nas quais, da leitura do acórdão exsurgir a desproporcionalidade entre o ato praticado e as sanções aplicadas,*

> *o que não é o caso vertente. (...). (AgRg no AREsp nº 597.359/MG. Rel. Min. Humberto Martins, DJe de 22/04/2015)*
>
> *PROCESSUAL CIVIL. AGRAVO REGIMENTAL NO RECURSO ESPECIAL. IMPROBIDADE ADMINISTRATIVA. (...) REVISÃO DAS SANÇÕES IMPOSTAS. PRINCÍPIOS DA PROPORCIONALIDADE E RAZOABILIDADE REEXAME DE MATÉRIA FÁTICO PROBATÓRIA. IMPOSSIBILIDADE SÚMULA 7/STJ. (...) 4. A análise da pretensão recursal no sentido de que sanções aplicadas não observaram os princípios da proporcionalidade e razoabilidade, com a consequente reversão do entendimento manifestado pelo Tribunal de origem, exige o reexame de matéria fático-probatória dos autos, o que é vedado em sede de recurso especial nos termos da Súmula 7/STJ. (...) (AgRg no REsp n. 1.425 191/CE, Rel. Min. Mauro Campbell Marques, DJe de 16/03/2015)* (fls. 547 e-STJ).

Sobreveio a interposição de Agravo nos Próprios Autos pelo demandado, que resultou em não conhecimento da insurgência já em sede de manifestação unipessoal da Ministra Regina Helena Costa, porquanto não teriam sido submetidos à dialeticidade todos os fundamentos da decisão agravada (justamente o exame de admissibilidade da Presidência da Corte Mineira). Referida constatação foi confirmada pelos Pares da Primeira Turma do Tribunal Superior em apreciação de Agravo Interno veiculado contra a decisão monocrática. Houve trânsito em julgado do feito em 28.11.2017.

Sobre o caso, é de importante registro a expressão utilizada pelo juízo de admissibilidade da Presidência do Tribunal Mineiro: *a pretensão recursal é irrealizável*.

A noção de *irrealizável* é oposta a qualquer ambiente favorável à contingência e à competência, que remetem à compreensão do mundo possivelmente realizável pela Corte Superior. A Presidência da Corte está a denotar que o recorrente não tem possibilidade lógica alguma de alcançar o exame da sua questão recursal porque a matéria demandaria o reexame de matéria fático-probatória em sede de recorribilidade extraordinária.

No entanto, o que é relevante assinalar, para além de eclipsar qualquer viabilidade de trâmite do Apelo Especial, a

Presidência do Tribunal de origem transcreveu dois julgados da Corte Superior acerca do tema pretendido pelo recorrente, sendo certo que, num dos exemplares citados, há a afirmação de possível exercício de juízo de excepcionalidade pelo Superior Tribunal de Justiça, que eventualmente não foi praticado na hipótese transcrita, mas que poderia ter sido exercido, assim como poderia ter ocorrido no caso de vertente análise, porventura fossem para logo remetidos os autos à distribuição a um dos Ministros da Corte Superior.

A indagação que se faz é: como sustentar logicamente um juízo de admissibilidade que expressa a existência de uma competência especializadíssima (verificar se há ou não excepcionalidade), mas manter a conclusão por obstar o prosseguimento do Recurso Especial, ao fundamento de que se trata de pretensão de reexame de fatos e provas em sede especial?

Leve-se em consideração que, no caso específico, houve, no julgamento de Apelação, exame expresso acerca da razoabilidade na aplicação das sanções (tanto é que houve alteração do rol de castigos insertos em sentença), parece que, sob o marco teórico da contingência e da competência, a excepcionalidade transcrita no julgado – aquele mencionado no juízo de admissibilidade – residiria justamente no exame da ocorrência ou não de desproporção no exame, pela Corte de origem, quanto ao tema de inadequado balanceamento (excessividade ou irrisoriedade) das reprimendas que pesam sobre o condenado por improbidade administrativa.

Uma vez invocada pelo recorrente a eventual situação de excepcionalidade, é de se indagar se os autos não deveriam ser remetidos à Corte Superior para a verificação tópica.

4.2.5. REsp 1.610.051/SP – revisão de verba honorária de Advogado.

O REsp 1.610.051 é proveniente de julgamento de Apelação pelo Tribunal de Justiça do Estado de São Paulo. Na origem, a Corte Bandeirante reformou a sentença que rejeitou Exceção de Pré-Executividade em Execução Fiscal.

A empresa que opôs a exceção interpôs recurso de Apelação e este foi provido pelo Tribunal, com a fixação de honorários advocatícios em R$ 1.000,00 para uma pretensão fiscal de aproximadamente R$ 400.000,00, conforme relata a empresa insurgente.

Por isso, dada a inconformação quanto ao valor fixado sob o caráter de remuneração de Advogado pela sucumbência do Município de Jundiaí/SP, a empresa interpôs Recurso Especial, a partir do qual alegou violação do art. 20, § 4º do Código de Processo Civil de 1973, suscitando o juízo de excepcionalidade para o caso.

Submetido o recurso o juízo de admissibilidade, a Presidência do Tribunal de origem deferiu o processamento do Recurso Especial, emitindo fundamentação nos seguintes termos:

> *O recurso merece trânsito.*
>
> *Isso porque, de toda a argumentação expendida pelo recorrente, a questão referente à consideração ou não como irrisórios os honorários advocatícios fixados não encontra qualquer óbice regimental ou sumular.*
>
> *Acrescente-se que o Superior Tribunal de Justiça já sufragou entendimento a respeito, verbis:*
>
> *"... 1. "A jurisprudência do STJ tem considerado irrisórios honorários fixados em patamar inferior a 1% sobre o valor da causa" (Resp 1.326.846/SE, Terceira Turma, Rel. Min. NANCY ANDRIGHI, DJe 28/2/13). ..." (AgRg nos Edcl no AREsp 304364/RN, Rel. Min. ARNALDO ESTEVES LIMA, DJe 5/11/2013).*
>
> *Admito, pois, o recurso especial. Subam os autos ao Superior Tribunal de Justiça.*

Ao ingressarem no Superior Tribunal de Justiça, o Recurso Especial da pessoa jurídica empresária, admitido na origem, foi distribuído a um dos componentes da Primeira Seção (fixação de honorários advocatícios quando a Fazenda Pública é vencida), sendo atribuída a Relatoria ao Ministro Benedito Gonçalves, integrante da Primeira Turma da Corte Superior.

Em decisão unipessoal, o Ministro Benedito Gonçalves não conheceu do Recurso Especial, por entender, no que interessa ao presente estudo, que o Superior Tribunal de Justiça admite o juízo de excepcionalidade, ao afirmar *que o óbice da Súmula 7/STJ pode ser afastado em situações excepcionais, quando verificado excesso ou insignificância da importância arbitrada, ficando evidenciada ofensa aos princípios da razoabilidade e da proporcionalidade* (fls. 366/367).

Todavia, concluiu que a hipótese concreta não admitia a alteração das sanções aplicadas, ao entendimento de que *foi determinado expressamente* [pelo julgado recorrido] *que os honorários também devem ser objeto de atualização* (fls. 367).

Irresignada, a parte interpôs Agravo Interno ao Colegiado.

Ao analisar o Agravo Interno, a Primeira Turma, acompanhando do voto do Ministro Relator, Benedito Gonçalves (que, em julgamento colegiado, reviu sua própria conclusão monocrática), lançou conclusão de que a espécie comportava excepcionalidade, razão pela qual majorou, por justificativa de insignificância, a verba honorária que havia sido fixada pela Corte Bandeirante. Eis os termos da ementa e de parte do voto condutor:

> *PROCESSUAL CIVIL. AGRAVO INTERNO NO RECURSO ESPECIAL. VIOLAÇÃO DO ART. 535 DO CPC/1973. NÃO OCORRÊNCIA. VIOLAÇÃO DO ART. 125, INC. I, DO CPC/1973. DEFICIÊNCIA NA ARGUMENTAÇÃO RECURSAL. SÚMULA 284/STF.* ***HONORÁRIOS ADVOCATÍCIOS. JUÍZO DE EQUIDADE. REVISÃO. POSSIBILIDADE. EXCEPCIONALIDADE CONFIGURADA. MAJORAÇÃO DA VERBA.***
>
> *1. O acórdão recorrido manifestou-se de maneira clara e fundamentada a respeito das questões relevantes para a solução da controvérsia, não havendo razão para a anulação do acórdão proferido em sede de embargos de declaração.*
>
> *2. A falta de argumentação ou sua deficiência implica o não conhecimento do recurso especial quanto a questão deduzida, pois não permite a exata compreensão da controvérsia. Incidência da Súmula 284/STF.*
>
> *3. Verificado excesso ou insignificância da importância arbitrada, ficando evidenciada ofensa aos princípios da razoabilidade e da proporcionalidade, cabível a revisão dos honorários advocatícios fixados na origem, afastando-se a aplicação da Súmula 7/STJ.*

> *4. Agravo interno parcialmente provido.*
>
> (AgInt no REsp 1.610.051/SP, Rel. Ministro BENEDITO GONÇALVES, Primeira Turma, DJe 19.10.2017, grifo nosso)

O caso foi selecionado para análise porque o despacho de admissibilidade nele proferido representa um procedimento que se aproxima daquilo que se poderia compreender como aplicação dos critérios de competência jurisdicional e de contingência filosófica.

É aproximado o procedimento porque a Presidência do Tribunal Bandeirante não chega a afirmar com toda a veemência que o tema não admite outras considerações porque *não é competente para dizer sobre juízo de excepcionalidade*.

Lado outro, cita exemplar no qual a Corte Superior, em situações símiles, computou como excepcional, alterando o *quantum* de honorários advocatícios.

Considera-se despacho apto a observação na presente pesquisa porque o Órgão da Corte Bandeirante considerou digno de imediata remessa ao Tribunal de destino o tema inserto no Recurso Especial, por entender que saber se há ou não irrisoriedade na fixação dos honorários advocatícios é algo que o Superior Tribunal de Justiça tem como possivelmente alterável em situações especificadas, conforme ilustrou no julgado transcrito na efetuação do juízo. Trata-se de fundamentação muito afim à contingência filosófica.

Embora não chegasse a afirmar que só aquela Corte Superior pode dizer a respeito de exceções de desproporcionalidade, por outro lado não obstou o prosseguimento da insurgência por razões de pretensão de reexame de fatos e provas em sede especial, conforme é frequentemente observado nos despachos de admissibilidade, circunstância que demandaria a interposição de novo recurso.

Referido caso pode ser reputado emblemático à presente pesquisa, não apenas porque o Superior Tribunal de Justiça exerceu um efetivo juízo de excepcionalidade, mas também – e sobretudo – porque a Presidência do Tribunal de origem, ao realizar o juízo de admissibilidade, expressou contornos do que se entende por conjugação de contingência filosófica e competência, o que viabilizou pleno acesso à apreciação do recurso pela Corte Superior, que foi provido para majoração da verba.

4.2.6. AREsp 966.728/MG. Gerador randômico. Improbidade. Documento 23.

Selecionado por gerador randômico de números, o AREsp 966.728 é proveniente de julgamento de Apelação pelo Tribunal de Justiça do Estado de Minas Gerais. Na origem, a Corte das Alterosas manteve inalterada a sentença que condenou a então Prefeita do Município de Ouro Verde de Minas/MG e um Secretário Municipal, ao entendimento de que ofenderam princípios norteadores da Administração Pública, por praticarem atos de perseguição contra Vereador e adversário político.

O Magistrado de Primeiro Grau condenou os acionados às reprimendas de suspensão de direitos políticos pelo prazo de três anos.

Os demandados formularam recurso de Apelação para o afastamento da condenação e, sucessivamente, para a substituição da sanção. Mas o Tribunal manteve a condenação e a penalidade imposta, dissertando que deveriam até mesmo ter sido impostas outras reprimendas, o que não foi feito na espécie, porquanto resultaria em *reformatio in pejus*.

Inconformados, os réus veicularam Recurso Especial por alegada ofensa, dentre outros, ao art. 12 da Lei 8.429/1992, postulando, no que interessa ao estudo, o reconhecimento de desproporcionalidade na aplicação das reprimendas, pois a espécie comportaria a substituição da *suspensão de direitos políticos* por *multa civil*.

Ao receber os autos, a Presidência do Tribunal Mineiro obstou o processamento do Recurso Especial, sob a compreensão de que *a modificação do quantitativo da sanção aplicada em ação de improbidade administrativa enseja reapreciação dos fatos e da prova, o que é vedado, em sede de recurso especial, nos termos da Súmula 7/STJ* (fls. 651 e-STJ).

Em Agravo em Recurso Especial, os implicados vindicam a remessa dos autos ao Superior Tribunal de Justiça. Ao chegar à Instância Superior, os autos são distribuídos ao Ministro Og Fernandes, da Segunda Turma, que, em decisão unipessoal, nega provimento ao recurso, sob o fundamento de que, *em relação à proporcionalidade das sanções aplicadas, novamente, recai na aplicação da Súmula 7/STJ*, citando julgado da Primeira Turma considerado ilustrativo da fundamentação adotada para negar a pretensão recursal. Referido entendimento foi mantido sem alterações em julgamento Colegiado da Segunda Turma (fls. 709/710 e-STJ).

O caso submetido à análise, selecionado por gerador aleatório, é ilustrativo da tese.

Tanto a Presidência do Tribunal de origem quanto o Superior Tribunal de Justiça, entenderam que a pretensão de reconhecimento da desproporcionalidade resultaria em reexame de provas em sede de cognição extraordinária.

No entanto, lançam mão, nas razões de decidir, de julgados que vertem a afirmação de que *a revisão da dosimetria das sanções aplicadas em ações de improbidade administrativa implica reexame do conjunto tático-probatório dos autos, o que esbarra na Súmula 7/STJ, salvo em casos excepcionais, nas quais, da leitura do acórdão exsurgir a desproporcionalidade entre o ato praticado e as sanções aplicadas, o que não é o caso vertente.* Essa tese é utilizada em ambas as instâncias.

Noutras palavras, reconhece-se a existência duma competência da Corte Superior para aferição de desproporcionalidade, sem, contudo, considerá-la. Essa providência tem sérias implicações quando se está a observar o juízo de admissibilidade do REsp, porquanto submete o demandado a veicular novo recurso, suprimindo o imediato exercício do juízo de excepcionalidade pelo Tribunal Superior. Ao aplicar a Súmula 7/STJ, a Presidência do Tribunal de origem, embora saiba que, em tese, seja possível a existência de situações excepcionais de dosificação exorbitante ou irrisória, não tem como dizer se é ou não é (contingência) o caso dos autos, porque não tem competência, nem mesmo provisória, para essa manifestação.

No caso em exame, saber se seria possível a substituição da reprimenda de suspensão de direitos políticos por multa civil, sob as premissas fáticas adotadas no acórdão, parece ser típico caso que comporta a análise de desproporção.

Sob os pontos de vista da contingência filosófica e da competência jurisdicional, parece não haver sede para o juízo de admissibilidade nas situações em que o juízo de excepcionalidade é pugnado na sublevação extraordinária.

4.2.7. AREsp 371.808/SC. Gerador randômico. Improbidade. Documento 37.

O AREsp 371.808 é proveniente de julgamento de Apelação pelo Tribunal de Justiça do Estado de Santa Catarina. Na origem, a Corte Catarinense apreciou insurgência manejada pelo então Alcaide do Município de Joinville/SC, que, segundo o libelo, teria praticado conduta ímproba, ao realizar publicidade que transbordaria o intuito de informar os atos de governo para desaguar em promoção pessoal do Alcaide em jornal pertencente ao Município.

Conforme relata o próprio acórdão, o Magistrado de Primeiro Grau reputou existente a prática de atos que se encontram tipificados na Lei de Improbidade Administrativa, condenando o réu às reprimendas de suspensão de direitos políticos pelo prazo de três anos, de ressarcimento ao Erário do Município no valor de R$ 3.435,00.

O Tribunal Catarinense, manifestando-se expressamente sobre proporcionalidade e razoabilidade, deu parcial provimento à súplica do implicado e rejeitou a Apelação do Órgão Acusador, este que pedia a majoração das penalidades, razão pela qual excluiu do rol de sanções a suspensão de direitos políticos.

Opostos Embargos de Declaração pelo Ministério Público do Estado de Santa Catarina, foram eles acolhidos com atribuição de efeitos infringentes, de modo que, no lugar de excluir a sanção de suspensão de direitos políticos, foi substituída por multa civil em valor correspondente a 1 (um) vencimento do então Alcaide.

Sobreveio o Recurso Especial do autor da ação, ainda inconformado com a dosimetria das sanções impostas.

Na oportunidade, pediu o reconhecimento de que houve ofensa ao art. 12 da Lei 8.429/1992, para ao fim pedir a revisão das sanções, argumentando que *a penalidade aplicada se mostrou desarrazoada e desproporcional diante do benefício auferido pelo alcaide municipal em prol de sua autopromoção, pois, como bem destacado pelo acórdão recorrido, não se trata de uma situação isolada relacionada à conduta meramente irregular, passível de correção administrativa, e sim de reiteração de atos desonestos* (fls. 507/508 e-STJ). O tema foi assim suscitado pelo recorrente:

> *No caso, o reconhecimento da gravidade da conduta imputada ao recorrido, que atentou contra os princípios da Administração Pública, impunha, de acordo com o princípio da proporcional idade, a aplicação das demais sanções previstas no art. 12, III, da Lei 8.429/92, e não a substituição da suspensão dos direitos políticos pela aplicação de multa civil no valor equivalente a 1 (um) vencimento líquido do requerido.*
>
> *Nesse sentido, destaca-se que não se desconhece a jurisprudência desse STJ no sentido de que a revisão da dosimetria das sanções aplicadas em ações de improbidade administrativa pode implicar, dependendo do caso, em reexame de conjunto fático-probatório dos autos, fazendo incidir o óbice da Súmula 7. Entretanto, entende-se que o caso sob análise se amolda àquelas hipóteses excepcionais em que se admite a análise do mérito do recurso, pois da leitura do acórdão recorrido exsurge a desproporcionalidade entre o ato praticado e as sanções aplicadas (STJ, AgRg no REsp 1284916/MG, Rel. Min. Humberto Martins, Segunda Turma, j. em 24/4/201 2, DJe de, 2/5/2012)* (fls. 502 e-STJ).

Submetido o recurso ao juízo de admissibilidade, a Presidência do Tribunal de origem deferiu o processamento do Recurso Especial, emitindo fundamentação nos seguintes termos:

> *O recurso não reúne condições de ascender.*
>
> *A insurgência recursal encontra óbice no Enunciado Sumular n. 7 do STJ, uma vez que para se aferir possível violação aos princípios da proporcionalidade e da razoabilidade em razão das penas aplicadas ao ora recorrente, seria necessário incursionar no contexto fático-probatório dos autos* (fls. 561 e-STJ).

Sobreveio a interposição de Agravo nos Próprios Autos pelo promovente da ação, sendo o recurso distribuído à Ministra Assusete Magalhães. Em apreciação unipessoal, a Relatora negou provimento à insurgência do Órgão Acusador, tendo registrado, inicialmente, que *a jurisprudência desta Corte é uníssona no sentido de que a revisão da dosimetria das sanções aplicadas em ações de improbidade administrativa implica reexame do conjunto fático-probatório dos autos, o que esbarra na Súmula 7/STJ, salvo em hipóteses excepcionais, nas quais, da leitura do acórdão recorrido, exsurge a desproporcionalidade entre o ato praticado e as sanções aplicadas* (fls. 652 e-STJ). E arrematou para a hipótese dos autos:

> *No caso em tela, mantida a pena de ressarcimento ao erário e excluída do édito condenatório a suspensão dos direitos políticos a agente que fez autopromoção causando ofensa aos princípios da Administração Pública (fl. 439e), não há falar em inobservância dos princípios da razoabilidade e da desproporcionalidade, pois correspondente a pena aos fatos praticados* (fls. 652 e-STJ).

Por força de Agravo Regimental, o caso foi submetido aos Pares da Segunda Turma da Corte Superior, que mantiveram a solução da decisão monocrática, com os mesmos fundamentos. Houve trânsito em julgado do feito em 28.11.2016.

O caso submetido a análise, selecionado por gerador aleatório, é ilustrativo da tese.

Muito embora o juízo de admissibilidade tenha afirmado a incidência à espécie do enunciado 7 das Súmulas do Superior Tribunal de Justiça, o que resultou em indeferimento do processamento do Recurso Especial, o tema da proporcionalidade das sanções por improbidade administrativa não deixou de ser analisado pela Corte Superior.

Ao aportarem no Tribunal Superior, nota-se que a premissa maior e a premissa menor acerca do juízo de excepcionalidade foram evidenciadas nas apreciações do Recurso Especial. Nesse ponto, há a proclamação da competência da Corte, com o uso da metáfora acerca do caráter *uníssono*[27] do entendimento, isto é, a manifestação de que não há *dissonância* quanto à possibilidade de o Tribunal efetuar, em situações excepcionais, a revisão de dosimetria, quando exsurgir desproporcionalidade entre o ato praticado e as sanções aplicadas.

No caso concreto, muito embora o juízo de admissibilidade tenha se limitado a afirmar a incidência da Súmula 7/STJ, lançando

27. Segundo Bohumil Med, *uníssono* designa o intervalo musical de *primeira justa*, que compreende dois sons de mesmo nome e de mesma altura (1996, p.63). A metáfora é usada, portanto, para indicar que os diversos julgados expressam a mesma compreensão acerca de um tema.

o fundamento de que a identificação da eventual desproporcionalidade ou falta de razoabilidade demandaria reexame de fatos e provas em sede de recorribilidade extraordinária, a pretensão veiculada pelo insurgente em seu Recurso Especial foi inteiramente analisada pela Corte Superior.

Sob o ponto de vista da contingência filosófica, parece que o juízo de admissibilidade efetuado pelo Tribunal de origem não tem plenos subsídios para dizer se a pretensão de revisão da dosimetria de sanções por alegada desproporcionalidade demandaria o reexame de fatos e provas em sede de Recurso Especial.

Em referência à competência jurisdicional (premissa maior ou proclamação de a Corte Superior revisa sanções em situações excepcionais), uma vez suscitado pelo recorrente, em seu Recurso Especial, o pedido de revisão das penalidades por improbidade administrativa – como ocorreu neste caso selecionado aleatoriamente –, parece que o recurso tem condições de ascender, ao contrário do que fundamentou o juízo de admissibilidade da hipótese observada.

É bem verdade que, no caso concreto, não houve detecção de situação de desproporcionalidade. A pretensão do Ministério Público para que fosse majorada a sanção aplicada ao então Prefeito Municipal não foi acolhida, por não ser caso excepcional. Mas essa circunstância não tem relevância para o estudo e para a tese. O que se lança como contribuição científica é que, sob os pontos de vista da contingência filosófica e da competência jurisdicional, parece não haver sede para o juízo de admissibilidade nas situações em que o juízo de excepcionalidade é pugnado na sublevação extraordinária.

4.2.8. AREsp 790.561/RJ. Gerador randômico. Improbidade. Documento 53.

O AREsp 790.561 é proveniente de julgamento de Apelação pelo Tribunal de Justiça do Estado do Rio de Janeiro. Na origem, a Corte Fluminense apreciou sublevação veiculada por então Soldado Bombeiro Militar do Estado do Rio de Janeiro, que, segundo o libelo, teria praticado conduta ímproba, ao ingressar na corporação militar mediante fraude, isto é, sem ter prestado concurso público, o que só foi possível com a intervenção de Agentes Públicos, também acionados.

Conforme relata o próprio acórdão, o Magistrado de Primeiro Grau afirmou existente a prática de atos que se encontram tipificados na Lei de Improbidade Administrativa, condenando os réus às reprimendas de perda do cargo público, à suspensão de direitos políticos pelo prazo de 3 (três) anos, à restituição ao Erário dos valores pagos ao réu como remuneração, ao pagamento de multa civil em valor correspondente ao que o réu auferiu enquanto permaneceu na corporação, à proibição de contratar com o Poder Público ou receber incentivos fiscais ou creditícios, direta ou indiretamente, ainda que por intermédio de pessoa jurídica da qual seja sócio majoritário, pelo prazo de 3 (três) anos. Sobre alguns réus foi proclamada a prescrição da pretensão punitiva.

O Tribunal Fluminense afastou a prescrição e impôs penalidades aos réus até então absolvidos, mantendo a condenação quanto aos demais, manifestando-se expressamente sobre proporcionalidade e razoabilidade das sanções aplicadas. Por isso, deu parcial provimento à súplica dos implicados, em ordem a excluir a sanção de ressarcimento ao Erário, uma vez que os serviços foram devidamente prestados, conquanto a parte tenha ingressado ilegalmente no serviço público, consoante a conclusão do Tribunal.

Sobreveio Recurso Especial de dois demandados.

Para além de defender a fluência do prazo prescricional e a ausência de prática de conduta ímproba, o insurgente argumentou que *o Egrégio Superior Tribunal de Justiça entendeu que não é causa de invocação da Súmula 7, nas hipóteses de aplicação de penalidades por ato de improbidade administrativa em descompasso com os princípios da proporcionalidade e razoabilidade, devendo assim serem revistas em sede de Recurso Especial* (fls. 1.069). O tema foi suscitado pelo recorrente nos seguintes termos, com invocação de ofensa ao art. 12 da Lei 8.429/1992:

> *(...) resta claro que ainda que fosse devida a condenação, repise-se, o que se argui tão somente por amor ao debate, resta claro que a cumulação de todas as sanções previstas no artigo 12 da Lei de Improbidade vai de encontro aos princípios da razoabilidade e proporcionalidade, pelo que deve ser reformada.*
>
> *Por fim, cumpre ressaltar que o acórdão guerreado previu que à hipótese dos autos haveria cominação de sanção quanto à suspen-*

> *são dos direitos políticos, pelo prazo de 5 (cinco) anos, na forma do artigo 12, II em razão de suposta violação ao artigo 10, II, ambos da Lei nº 8.429/92, enquanto que para multa e proibição de contratar, utilizou o v. acórdão da previsão estabelecida no artigo 12, III, em decorrência do tipo do artigo 11, V.*
>
> *Todavia, não pareceu inequívoca a distribuição das sanções, percebendo-se certa falta de dosimetria face os supostos atos praticados, faltando justificativa mínima a retirar dos Recorrentes, largo lapso de tempo ao exercício de seus direitos políticos* (fls. 1.071/1.072 e-STJ).

Submetido o recurso o juízo de admissibilidade, a Presidência do Tribunal de origem indeferiu o processamento do Recurso Especial, emitindo fundamentação nos seguintes termos:

> *(...) o detido exame das razões recursais revela que o recorrente pretende, por via transversa, a revisão de matéria de fato, apreciada e julgada com base nas provas produzidas nos autos.*
>
> *Oportuno realçar, a esse respeito, o consignado no julgamento do REsp 336.741/SP, Rel. Min. Fernando Gonçalves, DJ 07/04/2003, "(...) se, nos moldes em que delineada a questão federal, há necessidade de se incursionar na seara fático-probatória, soberanamente decidida pelas instâncias ordinárias, não merece trânsito o recurso especial, ante o veto da súmula 7-STJ"* (fls. 1.207 e-STJ).

Sobreveio a interposição de Agravo nos Próprios Autos pelos demandados, que nem foram submetidos à distribuição, uma vez que a própria Presidência do Tribunal cuidou de represar o feito, obstando o seu prosseguimento na Corte Superior, ao entendimento de que *não se conhece do agravo que não tenha atacado especificamente todos os fundamentos da decisão agravada.*

Irresignados, os recorrentes formularam Agravo Interno, sendo distribuídos os autos ao Ministro Herman Benjamin, que, em seu voto, considerou ter havido impugnação dos agravantes quanto ao fundamento de aplicação da Súmula 7/STJ pelo Tribunal de origem, contrariamente ao que decidira a Presidência desse Tribunal Superior.

Passo seguinte, enfrentou o mérito recursal, assinalando, no tópico da alegada aplicação desarrazoada de sanções, que, *no to-*

cante à alegada desproporcionalidade das penas, o STJ consolidou a orientação de que não há impedimento à aplicação cumulativa das sanções previstas no art. 12 da LIA, desde que a dosimetria respeite os princípios constitucionais da proporcionalidade e da razoabilidade (fls. 1.285). E que, *no caso em exame, a pena da parte ora recorrente foi bem dosada,* não se vislumbrando a alegada desproporcionalidade (fls. 1.287). Este foi o desfecho da Segunda Turma do Tribunal Superior para a pretensão dos réus condenados por improbidade.

O caso submetido à análise, selecionado por gerador aleatório, é ilustrativo da tese.

Muito embora o juízo de admissibilidade tenha afirmado a incidência, para a espécie, do enunciado 7 das Súmulas do Superior Tribunal de Justiça, o que resultou em indeferimento do processamento do Recurso Especial, o tema da proporcionalidade das sanções por improbidade administrativa não deixou de ser analisado pela Corte Superior.

O exame admissional, no item específico, nem mesmo apresentou julgados que previam a hipótese de modificação de *quantum* nas situações excepcionais de desproporção. É frequente ver-se, por ocasião do juízo de admissibilidade, que a solução seja por incidir o tão falado verbete sumular 7 da Corte Superior, mas com a reprodução de julgados que, passando ao largo desse enunciado, analisam a alegação de desproporção.

Com efeito, o caso selecionado por gerador aleatório de números indica que a Corte Superior exerceu a sua competência engendrada ao longo dos anos, isto é, verificar, quando invocado pelo recorrente, se há hipótese de modificação de *quantum* por contingente desproporção, que ocorre quando os vetores de quantificação não são bem dosados. Essa verificação do *bem-dosado* – ou não – só cabe à Instância Superior, por seu olhar exclusivo (atributo *excludente* da competência).

Na vertente hipótese, o Tribunal Superior exerceu o juízo de excepcionalidade, muito embora não para alterar, mas para se debruçar sobre a alegação de violação a texto de lei federal suscitada pelo insurgente. Ao afirmar *não se vislumbra a alegada desproporcionalidade*, o Tribunal Superior poderia, contingentemente, e no exercício de sua competência, modificar as sanções. O desfecho em si considerado, isto, é, se será reconhecida ou não topicamente a irrisoriedade ou a exorbitância, não é importante à pesquisa. O fato é que o tema é enfrentado, inserindo-se, nas razões de decidir, as expressões é o caso dos autos ou *não é o caso dos autos*, como designadores de observação da pretensa excepcionalidade.

Bem por isso, sob os pontos de vista da contingência filosófica e da competência jurisdicional, parece não haver sede para o juízo de admissibilidade nas situações em que o juízo de excepcionalidade é pugnado na sublevação extraordinária.

4.2.9. AREsp 999.974/RJ. Gerador randômico. Dano moral. Documento 36.

O AREsp 999.974 é proveniente de julgamento de Apelação pelo Tribunal de Justiça do Estado do Rio de Janeiro. Na origem, a Corte Fluminense apreciou sublevação veiculada por uma mãe cujo filho foi vítima fatal de atropelamento por betoneira, e pela empresa que prestava serviços com o uso de caminhão. Segundo narra a petição inicial da ação de indenização por dano moral e pedido de pensão por lucros cessantes, ao ajudar descarregar um caminhão repleto de vergalhões, a vítima foi surpreendida pela betoneira, que desceu a rampa desgovernada, imprensando-o contra lateral do caminhão em que executava seu serviço. O fato ocorreu em 01.04.2010.

Conforme relata o próprio acórdão, o Magistrado de Primeiro Grau considerou devida a compensação por abalo moral sofrido pelos sucessores da vítima do acidente, fixando o valor da indenização em R$ 200.000,00, além de pensão mensal em 1/3 do salário mínimo.

O Tribunal Fluminense manteve inalterada a sentença condenatória, por entender que o importe atendeu ao princípio da proporcionalidade.

Sobreveio Recurso Especial da empresa responsável pelo caminhão que deu causa ao evento.

O insurgente argumentou que o Tribunal praticou violação do art. 944 do Código Civil de 2002, vertendo, para tanto, os seguintes argumentos:

> *Pelo fato de os magistrados das instâncias ordinárias estarem mais próximos das partes e poderem contextualizar a controvérsia a ser dirimida, bem como avaliar o litígio com maior exatidão no tocante à aferição dos elementos subjetivos inerentes ao arbitramento da reparação compensatória por danos extrapatrimoniais, entende a jurisprudência, em regra, não caber às instâncias superiores rever as importâncias arbitradas já que se definiu pela atração do enunciado sumular 7/STJ.*
>
> *Contudo, como já evidenciado por arestas deste Colendo Tribunal da Cidadania, esta regra é excepcionada nas casuísticas em que o valor compensatório se revela irrisório ou, como no caso dos autos, nitidamente excessivo, denotando clara inobservância ao Princípio da Razoabilidade e ao Princípio da Proporcionalidade sempre que puderem ser aferidos de plano, ou seja, sem a necessidade de se revolver provas (fls. 439/440 e-STJ).*

Submetido o recurso o juízo de admissibilidade, a Presidência do Tribunal de origem indeferiu o processamento do Recurso Especial em maio/2016, emitindo fundamentação nos seguintes termos:

> *O recurso também não pode ser admitido, pois o detido exame das demais razões recursais revela que o recorrente pretende, por via transversa, a revisão de matéria de fato, apreciada e julgada com base nas provas produzidas nos autos e que o julgamento deste recurso depende, essencialmente, da análise e interpretação de cláusula contratual, o que atrai a incidência da Súmula 7 do Superior Tribunal de Justiça.*
>
> *Oportuno realçar, a esse respeito, o consignado no julgamento do REsp 336.741/SP, Rel. Min. Fernando Gonçalves, DJ 07/04/2003, "(...) se, nos moldes em que delineada a questão federal, há necessidade de se incursionar na seara fático-probatória, soberanamente decidida pelas instâncias ordinárias, não merece trânsito o recurso especial, ante o veto da súmula 7-STJ".* (fls. 461 e-STJ).

Sobreveio a interposição de Agravo nos Próprios Autos pelos demandados, que foram distribuídos ao Ministro Paulo de Tarso Sanseverino, integrante da Terceira Turma do Superior Tribunal de Justiça. Em decisão monocrática, o Relator manteve inalterado o acórdão da Corte Fluminense. Na oportunidade, assinalou, citando julgado ilustrativos do Tribunal Superior, sobre o tópico que interessa à presente pesquisa, o seguinte:

> *(...) importa ressaltar que o valor fixado a título de indenização por danos morais, qual seja, de R$ 200.000,00 (duzentos mil reais), não escapa à razoabilidade, nem se distancia do bom senso e dos critérios recomendados pela doutrina e pela jurisprudência desta Corte.*
>
> *Destarte, não se justifica, in casu, a excepcional intervenção desta Corte a fim de revisar o valor da indenização por danos morais, que somente é admitida, quando ínfimo ou exagerado o montante indenizatório, o que não ocorre no caso em tela* (fls. 533).

Irresignada, a empresa formulou Agravo Interno. Mas a Turma manteve a solução unipessoal, acompanhando o voto do Relator. Os fundamentos lançados para a manutenção da decisão agravada foram exatamente os mesmos.

O caso submetido à análise, selecionado por gerador aleatório, retrata a tese do presente estudo em pormenores.

Note-se que o juízo de admissibilidade do Recurso Especial limitou-se à aplicação do enunciado sumular 7 do Superior Tribunal de Justiça, ainda que a parte tenha expressamente argumentado que a Corte Superior pode, em situações excepcionais, verificar, a partir do substrato de fatos que se decantou no aresto, se houve ou não (aspecto contingente) desproporção na aplicação do importe por dano moral.

No entanto, somente por força do Agravo em Recurso Especial os autos foram submetidos à nomofilaquia. Nessa oportunidade, a Corte Superior afirmou sua competência para excepcional intervenção quando ínfimo ou exagerado o montante adveniente das Instâncias Ordinárias, nos dizeres da própria decisão, muito embora não tenha efetivamente promovido modificação alguma do que ficou decidido pelo Tribunal Fluminense.

De qualquer modo, percebe-se a manifestação acerca do ponto suscitado pelo recorrente, o que faz parecer, ao menos sob o ponto de vista da contingência, que, afirmando o Tribunal de origem a *não ocorrência de desproporção*, a possibilidade de ocorrer o oposto aflora na existência do recurso judicial e da autoridade judiciária capaz de dizer a respeito, isto é, eventual e contingente *ocorrência de desproporção*.

Ou seja, apesar de ter sido indeferido o processamento do Recurso Especial no juízo de admissibilidade, a possibilidade (contingência) de ser exercido pela Corte Superior o *juízo de excepcionalidade*, ao tomar conhecimento do Recurso Especial (competência para aferir o ínfimo ou o exagerado), não deixou de ser reafirmada pelo Tribunal de Superposição.

Sob o ponto de vista da contingência filosófica e da competência jurisdicional, parece não haver sede para o juízo de admissibilidade nas situações em que o juízo de excepcionalidade é pugnado na sublevação extraordinária.

4.2.10. AREsp 1.074.215/PE. Gerador randômico. Dano moral. Documento 169.

O AREsp 1.074.215 é proveniente de julgamento de Apelação pelo Tribunal de Justiça do Estado de Pernambuco. Na origem, a Corte Pernambucana julgou apelação veiculada por operadora de plano de saúde contra sentença que, em ação ordinária de reparação civil, condenou a sociedade empresarial a pagar à parte autora, além do reembolso de despesas por esta efetuadas, a quantia de R$ 10.000,00 (dez mil reais) de indenização por danos morais, por ter a paciente experimentado transtorno de ordem moral frente à negativa de cobertura integral dos procedimentos de saúde que a consumidora necessitou para correção de problemas em sua visão, uma vez que teve que arcar com os custos das lentes intraoculares em cirurgia de facoemulsificação. É que o plano de saúde havia autorizado a realização da cirurgia, mas negou-se a custear as lentes. O fato ocorreu em março de 2014.

Ao apreciar a insurgência da operadora do plano de saúde, o Tribunal Pernambucano considerou que a espécie era caso mesmo de condenação por danos morais e que o valor fixado pelo Juízo de Primeiro Grau estava em sintonia com os limites do razoável.

Em virtude desse desfecho, a empresa formulou Recurso Especial, tendo vindicado o reconhecimento de violação a texto de lei federal pelo Tribunal recorrido, isto é, os arts. 186, 188, I, 421, 422, 480, 927, 944 do Código Civil de 2002, sob o argumento de que não houve ato ilícito no caso concreto e que, se mantida a condenação, era necessária a redução da quantia arbitrada, *a fim de evitar o enriquecimento sem causa* (fls. 276 e-STJ).

Ao receber os autos para efetuar o juízo de admissibilidade, a Presidência do Tribunal Pernambucano indeferiu o processamento do Recurso Especial, ao fundamento de que *a pretensão da parte recorrente é rediscutir, por via transversa, a matéria de fato já analisada no processo, de modo a ocasionar um novo juízo de convicção, embora o órgão colegiado deste TJPE já tenha decidido, após a análise das provas produzidas nos autos* (fls. 329).

Por essa razão, os autos aportaram no Superior Tribunal de Justiça por força de Agravo interposto pela operadora de plano de saúde, sendo os autos distribuídos ao Ministro Marco Aurélio Belizze.

O Relator proferiu decisão unipessoal para o recurso, negando provimento à pretensão, ao afirmar que o entendimento da Corte Superior era exatamente aquele firmado pelo Tribunal de origem, isto é, a de que a recusa indevida em autorizar a cobertura de tratamento médico prescrito rendeu causa para abalo de ordem moral. Em referência ao valor da indenização, o Ministro Relator aduziu que o *quantum* só pode ser examinado pela Corte Superior *nos casos em que o valor indenizatório for irrisório ou exorbitante.* Arrematou a análise do caso afirmando que a compensação fixada não se mostra excessiva, e que *o Tribunal de origem fixou os danos morais em R$ 10.000,00 (dez mil reais) de acordo com as peculiaridades do caso em concreto, seguindo os princípios da razoabilidade e proporcionalidade* (fls. 357).

Contra essa decisão monocrática, a empresa formulou Agravo Interno, para que o caso fosse apreciado pelos Pares da Terceira Turma, sob o argumento de que *o Superior Tribunal de Justiça pacificou entendimento no sentido de que, em sede de recurso especial, só é admitida a revisão do quantum arbitrado a título de danos morais na hipótese em que ele tenha sido fixado em valor irrisório ou abusivo, sendo que a hipótese do presente feito demonstra imperativa necessidade de minoração do valor arbitrado a título de danos morais, pois notadamente fora fixado em patamar desproporcionalmente superior ao que se compreende como razoável* (fls. 370). Porém, a decisão agravada foi mantida pelo Órgão Colegiado, com a reprodução dos fundamentos no voto do Relator, que foi acompanhado à unanimidade.

O caso submetido à análise, selecionado por gerador aleatório, é bem ilustrativo da tese ora lançada.

De fato, para logo se nota como o Tribunal Superior, quando se depara com a pretensão à revisão de *quantum* fixado pelas Instâncias Ordinárias nos casos de sanções por improbidade, honorários advocatícios e indenização por dano moral (este último é o caso dos autos), frequentemente proclama a teoria – é o que tem permitido ver os casos selecionados aleatoriamente – de que *tem competência* para rever a dosimetria, a fixação de verba honorária e o arbitramento de indenização por dano extrapatrimonial.

Na demanda selecionada, *apenas aconteceu* (aspecto das afirmações nitidamente contingentes, como bem explicou o citado filósofo Colin Mcginn) que a Corte Superior não realizou a diminuição do valor fixado em dano moral, ao contrário do que demandou a operadora do plano de saúde. Mas poderia ter alterado, reduzindo para dois, três ou cinco mil reais, sendo irrelevante para este estudo *o valor em si* (aspecto de sindérese).

O fato é que a Presidência da Corte de origem, ao efetuar o juízo de admissibilidade, não seria capaz de fazer qualquer prognóstico acerca do fato, isto é, se desembocaria ou não em reconhecimento de hipótese excepcional para modificação do valor estabelecido pelo acórdão, uma vez que, diante das pretensões de revisão de *quantum*, o Superior Tribunal de Justiça frequentemente proclama a sua competência para detectar situações de *irrisoriedade* ou *exorbitância*. Então, é de se questionar, sob o influxo da competência e da contingência, se há lugar para a aplicação do enunciado sumular 7/STJ no juízo de admissibilidade, especificamente quando é argumentada a desproporcionalidade do julgado recorrido.

Sob o ponto de vista da contingência filosófica e da competência jurisdicional, parece não haver sede para o juízo de admissibilidade nas situações em que o juízo de excepcionalidade é pugnado na sublevação extraordinária.

4.2.11. AREsp 852.428/SC. Gerador randômico. Dano moral. Documento 207.

O AREsp 852.428 é proveniente de julgamento de Apelação pelo Tribunal de Justiça do Estado de Santa Catarina. Na origem, a Corte Catarinense julgou apelação veiculada por empresa de telefonia contra sentença que, em ação declaratória de inexistência de débitos cumulada com pedido de indenização por danos morais, condenou a sociedade empresarial a pagar à parte autora a quantia de R$ 10.000,00 (dez mil reais) de indenização por danos morais, para além do reconhecimento da inexistência de dívida do autor perante a operadora, por ter o consumidor experimentado abalo moral, uma vez que, mesmo após a quitação do débito que deu origem à inscrição do nome da parte nos cadastros de proteção ao crédito, o registro perseverou. O fato ocorreu em maio e junho de 2013.

Ao apreciar a insurgência da operadora do plano de saúde, o Tribunal Catarinense considerou que a espécie era caso mesmo de declaração de inexistência de dívida, com condenação por danos morais e que o valor fixado pelo Juízo de Primeiro Grau deveria ser majorado para R$ 20.000,00 (vinte mil reais). Note-se a análise do acórdão acerca dos critérios que adotou para fixação do *quantum*:

> *Para casos idênticos ao dos autos este Tribunal, depois de, primeiramente, ter fixado em R$ 3.000,00, depois em R$ 8.000,00, mais tarde em R$ 10.000,00, evoluindo para R$ 15.000,00 o valor da reparação dos danos morais, agora fixou a orientação, em concerto dos membros do Grupo de Câmaras de Direito Público, no sentido de que o valor adequado, razoável (provido de cautela, prudência, moderação e bom senso) e proporcional (meio termo entre os vícios de excesso e de falta) é o de R$ 20.000,00, quando o prejudicado é pessoa física, e R$ 25.000,00 para pessoa jurídica.*
>
> *Coube recrudescer na fixação de valor mais significativo para que as empresas de telefonia se sintam, em razão das várias condenações por fatos idênticos, motivadas a mudar seu comportamento*

> *perante seus clientes, com investigações prévias que esclareçam se o serviço de telefonia foi prestado por elas corretamente e de acordo com os termos do contrato firmado entre as partes e quem é o real devedor, antes de inscreverem o nome de qualquer pessoa em cadastro negativo de crédito, bem como alterem seu procedimento quanto à suspensão do uso da linha telefônica, para se assegurarem de que o usuário está efetivamente inadimplente com as suas obrigações. Assim não o fazendo, sujeitam-se as companhias telefônicas aos erros e às práticas ilícitas que têm protagonizado, com evidente prejuízo às pessoas, consumidoras dos seus serviços ou não, passíveis de indenização* (fls. 119-120 e-STJ).

Por alegado dissídio jurisprudencial, a empresa de telefonia vindicou a reforma do aresto, sob o argumento de que em circunstâncias factuais símiles, outros Tribunais do País fixaram *quantum* bem inferior ao que estabeleceu a Corte Catarinense nos casos de inscrição indevida em cadastros de proteção ao crédito. Reproduzindo exemplares do Superior Tribunal de Justiça em sua petição recursal, argumentou que *o valor fixado como indenização para dano moral está sujeito ao controle do STJ* (fls. 132 e-STJ). Assinalou que a quantia imposta é *desarrazoada diante da pequena ou inexistente repercussão dos fatos narrados na peça vestibular* (fls. 132 e-STJ).

Em arremate, sugeriu que, em vez dos R$ 20.000,00, fosse estabelecido pela Corte Superior o valor da indenização em R$ 5.000,00.

Submetido ao exame de admissibilidade, a Presidência do Tribunal indeferiu o processamento do Recurso Especial, ao entendimento de que a pretensão de minoração do valor da indenização demandaria o reexame de prova em sede especial e que a revisão somente é possível quando o montante fixado revelar-se exorbitante ou insignificante, e que o valor de R$ 20.000,00 estaria de sintonia com os parâmetros do Superior Tribunal de Justiça. Citou julgado da Corte Superior em que a indenização por dano moral nas hipóteses de inscrição indevida em cadastro de proteção ao crédito também foi fixada em R$ 20.000,00, isto é, o AgRg no AREsp 432.8721/SC, Rel. Min. Napoleão Nunes Maia Filho, Primeira Turma, DJe 08.04.2014.

Por força de Agravo nos Próprios Autos, espécie foi remetida ao Superior Tribunal de Justiça, sendo o caso distribuído ao Ministro

Antônio Carlos Ferreira, que negou provimento à insurgência em decisão unipessoal. Na oportunidade, asseverou que *somente em hipóteses excepcionais, quando manifestamente irrisória ou exorbitante a indenização fixada a título de dano moral, a jurisprudência desta Corte permite o afastamento da Súmula 7/STJ, para possibilitar a revisão* (fls. 214).

Registrou que, na espécie, a quantia adveniente do Tribunal de origem, isto é, R$ 20.000,00, *não se distancia dos princípios da razoabilidade e da proporcionalidade, tampouco se afigura despropositada, a ponto de ensejar a intervenção deste Superior Tribunal* (fls. 214).

Reproduzindo os fundamentos da decisão agravada, a Quarta Turma do Tribunal Superior acompanhou o voto do Ministro Relator para negar provimento o Agravo Interno interposto pela empresa de telefonia, que havia reiterado o argumento de que a cifra estabelecida a título de indenização por dano moral era exorbitante.

O caso submetido a análise, selecionado por gerador aleatório, bem demonstra a tese que se estuda na presente obra.

De fato, o caso tem a peculiaridade de a Presidência do Tribunal de origem ter indeferido o processamento do Recurso Especial por ter identificado exemplar da Corte Superior que, ao menos em termos de ementa, indicava hipótese em que, no pedido de indenização por dano moral decorrente de negativação indevida em cadastro de proteção ao crédito, se fixou a quantia de R$ 20.000,00.

Sem embargo disso, a Corte Superior, ao analisar o caso, não deixou de evidenciar a competência que, ao longo dos anos, desenvolveu para apontar desproporcionalidades no estabelecimento do *quantum*, como em casos de sanções por improbidade, indenização por dano moral e verba honorária de Advogado.

No caso concreto, o Tribunal exerceu controle de legalidade acerca do pretenso reconhecimento de exorbitância na indenização imposta, aduzindo que a hipótese não demandaria a intervenção da Corte Superior, pois o valor de R$ 20.000,00 não se distanciou dos postulados da razoabilidade e da proporcionalidade.

Sob o ponto de vista da contingência filosófica, o exame admissional, ainda que, interessantemente, tenha aplicado julgado bem símile ao caso concreto, não teria condições de prever – o que é natural de verdades contingentes – o desfecho final a que daria a Turma Julgadora do Tribunal Superior, que entendeu não ter a Corte Catarinense se apartado da razoabilidade em sua metrificação do dano moral.

Era possível contingentemente que a Corte Superior passasse a entender que o valor de R$ 20.000,00 era excessivo para as hipóteses de negativação indevida em cadastros de *maus pagadores*, como popularmente se costuma dizer. Frente a competência que se engendrou para o juízo de excepcionalidade, somente a remessa imediata do Recurso Especial para o Tribunal Superior poderia solucionar essa indagação acerca de eventual hipótese de intervenção excepcional.

Ao engendrar a competência para aferir exorbitâncias e irrisoriedades, a Corte Superior se encontra em missão de analisar todos os casos em que a pretensão de revisão é veiculada no Nobre Apelo, seja para reconhecer, seja para afastar a excepcionalidade.

Sob os espectros da contingência filosófica e da competência jurisdicional, parece não haver lugar para o juízo de admissibilidade nas situações em que o juízo de excepcionalidade é vindicado na insurgência especialíssima.

4.2.12. AREsp 1.024.106/SP. Gerador randômico. Honorários. Documento 72.

O AREsp 1.024.106 é proveniente de julgamento de Apelação pelo Tribunal de Justiça do Estado de São Paulo. Na origem, a Corte Bandeirante julgou apelação veiculada por Advogados contra sentença que, em ação de obrigação de fazer, determinou o cancelamento de hipoteca que incidia sobre unidade imobiliária. A referida hipoteca é adveniente de contrato de financiamento firmado entre construtora e instituição financeira, para a efetivação de incorporação imobiliária e construção de edifício residencial no bairro do Butantã, Município de São Paulo/SP. A lide foi promovida pelo adquirente de unidade residencial no imóvel, sob o argumento de que, apesar de ter sido efetuado o pagamento integral do bem adquirido, a constrição permaneceu no registro imobiliário, muito embora o adquirente não tenha qualquer vínculo com a instituição financeira. Os fatos ocorreram em 1995.

A sentença reconheceu a inexistência de vínculo entre adquirente do imóvel e instituição financeira, razão pela qual julgou procedente a pretensão e determinou o cancelamento do registro da hipoteca, condenando os acionados, construtora e banco, ao pagamento de honorários advocatícios no importe de R$ 3.000,00 (três mil reais).

O Tribunal Bandeirante, ao apreciar a insurgência manejada pelos Advogados para a majoração da verba honorária, manteve inalterado o importe fixado em sentença, ao seguinte fundamento:

> *Na espécie os honorários advocatícios foram adequados e arbitrados por equidade, incidindo a regra prevista no art. 20, § 4.º, do Código de Processo Civil, mormente considerando o resultado útil conquistado e os trabalhos desenvolvidos, não merecendo reforma face ao tempo consumido com a demanda e a ausência de dificuldade do litígio, importância razoável, justa, condigna e suficiente para a remuneração do profissional na fiel execução do mandato* (fls. 153 e-STJ).

Os Embargos de Declaração opostos pelos Advogados insurgentes não resultaram em integração alguma do julgado ou atribuição de efeito infringente. Por isso, os Advogados, titulares do crédito, interpuseram Recurso Especial, sob a pretensão ao reconhecimento de que o acórdão violou o art. 20, § 3º, do Código de Processo Civil de 1973, ao argumento de que o Tribunal teria equivocadamente reputado o caso como se fosse desprovido de cunho patrimonial predominante, quando é certo, segundo o que argumentou, que, *ao fazer constar na intimação da sentença via Diário Oficial preparo recursal no importe de R$ 13.556,60 (4% do valor da condenação), o MM. Juiz de Origem deixou indubitável que o resultado útil conquistado pelo Autor com o cancelamento da hipoteca incidente sobre o imóvel por ele adquirido atingiu o expressivo montante de R$ 338.911,00* (fls. 178 e-STJ).

Pediu a nulificação do aresto por não ter afastado os apontados vícios de fundamentação em aclaratórios, ou, se superada a preliminar, o provimento do Recurso Especial, em ordem *a majorar os honorários sucumbências para valor a ser fixado com base no valor da causa atualizado com observância dos limites estipulados no § 3º, do artigo 20, do CPC* (fls. 185 e-STJ).

A Presidência do Tribunal de origem indeferiu o processamento do Recurso Especial, sob fundamento de que, *ao decidir da forma impugnada, o acórdão o fez em decorrência de convicção formada pela Turma Julgadora diante das provas e das circunstâncias fáticas próprias do processo sub judice, sendo certo, por esse prisma, aterem-se as razões do recurso a uma perspectiva de reexame desses elementos. A esse objetivo, todavia, não se presta o reclamo, a teor do disposto na súmula 7 do Superior Tribunal de Justiça* (fls. 193-194).

Os autos aportaram no Superior Tribunal de Justiça por força de que Agravo nos Próprios Autos, sendo distribuídos à Relatoria da Ministra Nancy Andrighi, integrante da Terceira Turma da Corte Superior. Em solução unipessoal, a Relatora não conheceu do Agravo, ao entendimento de que *a jurisprudência do STJ é pacífica no sentido de que é pertinente a revisão do valor dos honorários advocatícios quando exorbitantes ou ínfimos, o que não está caracterizado neste processo* (fls. 217 e-STJ).

Os Advogados manejaram Agravo Interno em sublevação à decisão monocrática, que foi provido pelos Pares da Terceira Turma, para *fixar os honorários advocatícios em 1% do valor atualizado da causa* (fls. 256). Os fundamentos para a acolhida da pretensão recursal foram assim apresentados:

> *É certo que o Superior Tribunal de Justiça, via de regra, não admite rever os honorários advocatícios fixados pelo Tribunal de origem, notadamente quando isso é feito com base no art. 20, § 4º, do CPC. É que, nessas hipóteses, invariavelmente o recurso esbarra no óbice da Súmula 7 desta Corte.*
>
> ***Todavia, também é verdadeiro que o STJ mitiga esse entendimento em hipóteses excepcionais, nas quais se verifica a fixação da verba honorária em montante muito aquém do que seria razoável, ofendendo, assim, a dignidade profissional do advogado, ou muito além desse limite, o que implicaria enriquecimento ilícito do causídico vitorioso** (EREsp 494.377/SP, Corte Especial, DJ de 01/07/2005).*

No que concerne ao patamar mínimo, esta Corte tem considerado irrisórios os honorários fixados em montante inferior a 1% sobre o valor atualizado da causa (REsp 1.601.556/RJ, 3ª Turma, DJe de 20/06/2016 e AgRg no REsp 1.150157/DF, 4ª Turma, DJe 19/09/2016).

Na hipótese dos autos, que cuida de ação de obrigação de fazer à qual se atribuiu o valor de R$ 311.000,00 (e-STJ fls. 1/6), sem atualização, a verba honorária foi fixada em R$ 3.000,00, inferior, portanto, ao patamar mínimo preconizado por este Superior Tribunal de Justiça.

Desse modo, ***evidencia-se a irrisoriedade dos honorários advocatícios, de modo a permitir a sua revisão em recurso especial.***

Esclareça-se, por fim, que, ao contrário do que sustentam os agravantes, a hipótese em julgamento se amolda ao disposto no § 4º do art. 20 do CPC/73 - dada a ausência de condenação ao pagamento de quantia certa -, como acertadamente decidiu o acórdão recorrido, de maneira que a fixação da verba honorária não está adstrita aos limites previstos no § 3º do mesmo dispositivo legal. Forte nessas razões, DOU PROVIMENTO ao agravo interno, para conhecendo do recurso especial, fixar os honorários advocatícios em 1% do valor atualizado da causa (fls. 255/256, grifado).

Em análise a esse caso concreto, pode-se dizer que este é um dos mais emblemáticos da tese exposta no presente estudo.

Na verdade, o exemplar, selecionado por gerador randômico de números, torna-se emblemático pela circunstância de o Superior Tribunal de Justiça ter reformado o acórdão da Corte Bandeirante, em efetivo exercício do juízo de excepcionalidade.

De fato, para a pretensão ao reconhecimento de desproporcionalidade na fixação dos honorários advocatícios, considerados irrisórios pelos Advogados titulares do crédito, a Corte Superior não deixou de registrar, para logo, a sua competência *desenvolvida* ao longo dos anos, para, em *caráter reativo*, para usar expressões caras a Taruffo (2013), em verificar, à luz do acórdão, se há – ou não – hipótese excepcional de modificação do *quantum* fixado pelas Instâncias Ordinárias.

Antes da apreciação realizada *exclusivamente* pelos Ministros do Superior Tribunal de Justiça (atributo da competência, isto é, o caráter excludente), não há qualquer prognóstico a ser feito. Noutras palavras, não há como saber se o caso desaguará ou não em reconhecimento de desproporcionalidade. Trata-se da feição contingente das afirmações constantes do acórdão, que é a característica do sistema judiciário: o recorrente, ao tomar conhecimento de decisão desfavorável, sempre tem a esperança de alteração futura, corporificada no *recurso judicial*.

A constante reafirmação da competência da Corte Superior para radiografar excepcionalidades reforça a contingência das manifestações judiciais predecessoras: apenas aconteceu de a fixação dos honorários advocatícios terem sido fixados de um certo modo. Com efeito, na espécie, a modificação se efetuou.

O que deve ser comentado, porém, é que o juízo de admissibilidade aplicou ao caso o entendimento de que a pretensão do recorrente seria o reexame factual em jurisdição superior, razão pela qual negou trâmite ao recurso. Contudo, no momento do exame admissional, o prolator da decisão de admissibilidade não tem meio algum para saber se aquele caso redundaria ou não reconhecimento de hipótese excepcional.

Somente o imediato envio dos autos para distribuição a um dos Ministros do Superior Tribunal de Justiça afastaria a dúvida própria dos mundos possíveis, isto é, se o caso comportaria excepcionalidade – ou não. O exame de admissibilidade do Recurso Especial, quando suscitada pelo recorrente a pretensão de que se consubstanciou desproporcionalidade na materialização do *quantum*, parece não se aplicar adequadamente, ao menos sob os prismas da contingência e da competência.

Na demanda vertente analisada, é possível para logo notar a *geografia do juízo de excepcionalidade*, representado pela premissa maior (*o Superior Tribunal de Justiça, via de regra, não admite rever os honorários advocatícios*) e pela premissa maior excepcional (*o STJ mitiga esse entendimento em hipóteses excepcionais, nas quais se verifica a fixação da verba honorária em montante muito aquém ou muito além*). A premissa menor se apresentou no desfecho de provimento do Apelo Especial para reformar o julgado de origem (evidencia-se a irrisoriedade dos honorários advocatícios, de modo a permitir a sua revisão em recurso especial).

Negou-se, na espécie, acesso a um Recurso Especial que, contingentemente, teve resultado em reforma do acórdão, com efetiva reafirmação da competência da Corte Superior para analisar potenciais casos de irrisoriedade ou exorbitância no *quantum*, sendo certo que, concretamente, foi majorada a verba para 1% sobre o valor da causa (R$ 311 mil, ação promovida em 1995).

Sob as vertentes da contingência filosófica e da competência jurisdicional, parece não haver lugar para o juízo de admissibilidade nas situações em que o juízo de excepcionalidade é requerido no Recurso Especial.

4.2.13. AREsp 919.071/ES. Gerador randômico. Honorários. Documento 101.

O AREsp 919.071 é proveniente de julgamento de Apelação pelo Tribunal de Justiça do Estado de Espírito Santo. Na origem, a Corte Capixaba julgou apelação veiculada contra sentença que, em ação de reparação de danos ajuizada por empresa de mineração contra o Município de Boa Esperança/ES, julgou improcedente a pretensão. Segundo o autor, apesar de possuir, por instrumento de cessão firmado com outra empresa, a concessão de lavra mineral, não obteve anuência da Municipalidade para explorar a atividade de mineração de *gabro* (uma rocha de cor escura utilizada em construção civil), por se tratar de área tombada como Patrimônio Natural, Paisagístico, Ambiental e Cultural da urbe capixaba. A pretensão cifrou-se na tese de que experimentou prejuízo frente à ação estatal de negar a extração mineral. Os fatos ocorreram em 1995.

Como consequência da pretensão julgada improcedente, o autor foi condenado a verba honorária de sucumbência, fixada em R$ 100.000,00 (cem mil reais), na forma do art. 20, § 4º do Código de Processo Civil de 1973. O valor atribuído pelo autor à causa foi de mais de R$ 11 milhões.

O Tribunal Espiritossantense, ao apreciar Apelação, manteve o decreto de improcedência, por considerar que a área sobre a qual se pretendeu a exploração era de patrimônio natural e paisagístico, mantendo, também, inalterado o importe fixado em sentença quanto aos honorários advocatícios, muito embora tenha alterado a capitulação da espécie, aplicou a disciplina do art. 20, § 3º, do Código de Processo Civil, ao passo que a sentença havia aplicado o § 4º do referido dispositivo. Note-se:

> *Vale ressaltar que, a teor do que dispõe o parágrafo 3° do art. 20 do CPC, os honorários serão fixados entre o mínimo de dez por cento (10%) e o máximo de vinte por cento (20%) sobre o valor da condenação, atendidos: a) o grau de zelo do profissional; b) o lugar de prestação do serviço; c) a natureza e importância da causa, o trabalho realizado pelo advogado e o tempo exigido para o seu serviço.*
>
> *Destaco que, no caso em análise, os honorários foram fixados em apenas 1% (um por cento) sobre o valor atribuído à causa, estando em perfeita coerência com a legislação processual vigente* (fls. 736 e-STJ).

Para além das alegações referentes ao mérito da pretensão reparatória, a empresa de mineração interpôs Recurso Especial também quanto à fixação dos honorários advocatícios. Alegou que os §§ 3º e 4º do art. 20 do Código de Processo Civil de 1973 foram violados.

Afirmou haver desproporção no estabelecimento dos honorários sucumbenciais, argumentando que a empresa teve seu patrimônio prejudicado em duas situações, isto é, o fato de não poder exercer a atividade econômica e por ter que arcar com verba que considerou excessiva. Lançou, nesse afã, invectivas sobre o desempenho profissional dos Patronos da parte adversa:

> *(...) a causa não é de grande complexidade, e houve julgamento antecipado da lide, de sorte que a única peça produzida pela Municipalidade foi contestação e contrarrazões ao recurso de apelação na qual foram repetidos os fundamentos da contestação! Uma contestação e uma contrarrazões recursais vale R$ 100.000,00 (cem mil reais)?* (fls. 809 e-STJ).

A Presidência do Tribunal Capixaba indeferiu o processamento do Recurso Especial, ao argumento, na parte em que interessa ao estudo, de que *a recorrente, com fulcro na alegada ofensa ao artigo 20, §§ 3º e 4º, do CPC, pretende obter a minoração dos honorários advocatícios. Ora, como é intuitivo concluir, isso não pode ser alcançado senão através da análise do arcabouço fático em que se fundamentou o decisum recorrido, medida que como se sabe, é vedada pela via excepcional manejada* (fls. 858 e-STJ).

Citando julgados da Corte Superior que refletiriam o desfecho apresentado ao pleito recursal, ficou plasmado no exame admissional do recurso que o trâmite do Recurso Especial não seria deferido, pois *o acórdão recorrido arbitrou os honorários mediante apreciação equitativa, observando as peculiaridades do caso concreto* (fls. 859).

Os autos chegaram ao Tribunal Superior por força de Agravo nos Próprios Autos, manejados pela empresa. Foram oportunamente distribuídos ao Ministro Sérgio Kukina, que, em decisão unipessoal, manteve o aresto recorrido, ao afirmar, no ponto em mira, o seguinte:

> *(...) com relação aos honorários, a jurisprudência do STJ orienta-se no sentido de que, em regra, não se mostra possível em recurso especial a revisão do valor fixado a título de honorários advocatícios, pois tal providência exigiria novo exame do contexto fático probatório constante dos autos, o que é vedado pela Súmula 7/STJ.*
>
> *Todavia, o óbice da referida súmula pode ser afastado em situações excepcionais, quando for verificado excesso ou insignificância da importância arbitrada, ficando evidenciada ofensa aos princípios da razoabilidade e da proporcionalidade, hipóteses não configuradas nos autos.*
>
> *No caso, o Tribunal de origem, considerando as peculiaridades fáticas do presente feito, manteve a verba honorária em 1% sobre o valor da causa.*
>
> *Dessarte, não configurada a excepcionalidade exigida pela jurisprudência desta Corte, não se mostra possível a redução dos honorários advocatícios pleiteada pela parte ora agravante* (fls. 935 e-STJ).

A decisão monocrática foi confirmada pelos Pares da Primeira Turma do Superior Tribunal de Justiça, ao analisarem Agravo Interno interposto pelo autor da ação. A ementa foi assim revelada:

> *RECURSO FUNDADO NO CPC/2015. ADMINISTRATIVO. PROCESSO CIVIL. DESAPROPRIAÇÃO INDIRETA. AMPLIAÇÃO DA ÁREA DE PROTEÇÃO AMBIENTAL. SÚMULA 280/STF. AUSÊNCIA DE IMPUGNAÇÃO DO FUNDAMENTO ADOTADO NA DECISÃO AGRAVADA. SÚMULA 182/STJ. HONORÁRIOS SUCUMBENCIAIS. REVISÃO. IMPOSSIBILIDADE. INCIDÊNCIA DA SÚMULA 7/STJ.*
>
> *1. Verifica-se não ter ocorrido ofensa ao art. 535 do CPC, na medida em que o Tribunal de origem dirimiu, fundamentadamente, as questões que lhe foram submetidas, apreciando integralmente a controvérsia posta nos presentes autos.*
>
> *2. No tocante à questão de fundo, não houve impugnação específica aos fundamentos adotados na decisão agravada para não conhecer da irresignação, obstando o conhecimento do agravo interno nesse ponto, conforme o disposto no art. 1.021, § 1º, do CPC/15 e o texto da Súmula 182/STJ.*
>
> ***3. Nos termos da jurisprudência desta Corte, em regra, não se mostra possível em recurso especial a revisão do valor fixado a título de honorários advocatícios, pois tal providência exige novo exame do contexto fático-probatório constante dos autos, o que é vedado pela Súmula 7/STJ.***
>
> 4. Todavia, o óbice da referida súmula pode ser afastado em situações excepcionais, quando verificado excesso ou insignificância da importância arbitrada, ficando evidenciada ofensa aos princípios da razoabilidade e da proporcionalidade, hipóteses não configuradas no caso dos presentes autos.
>
> *5. Agravo interno parcialmente conhecido e, nessa parte, improvido* (fls. 966 e-STJ, grifado).

Em análise ao caso, observa-se exemplar da hipótese que se traceja no presente estudo.

A primeira e mais urgente análise do caso reside na observação a partir do aspecto da contingência filosófica. É que, como narrado, o juízo de admissibilidade, para obstar o prosseguimento do Recurso Especial, ancorou-se na afirmação de que *o acórdão recorrido arbitrou os honorários mediante apreciação equitativa, observando as peculiaridades do caso concreto* (fls. 859).

Nesse afã, o recorrente vindica a apreciação equitativa da Corte Superior. Em termos de contingência, como a Presidência da Corte de origem poderia saber se o caso terá o desfecho da apreciação equitativa? Conforme exposto no capítulo 3 (item 3.2), é a avaliação individual dos julgadores do Superior Tribunal de Justiça (com base em sua experiência compartilhada de critérios objetivos e subjetivos) que exercerá o controle de legalidade acerca do tema da equidade em situações como a vertida no item selecionado randomicamente.

Referida afirmação – isto é, a de que a avaliação de critérios de equidade cabe à autoridade destinatária do recurso – é a consequência do atributo de *exclusividade* da *competência jurisdicional*.

Conforme se dissertou nesta pesquisa, o Superior Tribunal de Justiça, ao longo dos anos, desenvolveu a competência, a partir das múltiplas situações que chegaram ao seu conhecimento, para proceder à aferição de excepcional desproporcionalidade na quantificação realizada pelas Cortes locais, a partir do cotejo entre os fatos cristalizados no aresto de origem e a metrificação para a fixação de sanções por improbidade administrativa, de indenização por dano moral e de honorários advocatícios.

No caso, a parte autora da ação, cuja pretensão foi julgada improcedente, vindicou o reconhecimento, pela Corte Superior, de que o acórdão manteve a desproporcional fixação em sentença do valor dos honorários de sucumbência em R$ 100.000,00, estabelecidos em favor do Município de Boa Esperança/SE.

Efetivamente, a Corte Superior, na demanda observada, proclamou a sua competência exclusiva – *permita-se essa didática redundância* –, ao afirmar que o verbete sumular que proíbe a pretensão de reexame de fatos e provas em sede especial *pode ser afastado em situações excepcionais, quando verificado excesso ou insignificância da importância arbitrada, ficando evidenciada ofensa aos princípios da razoabilidade e da proporcionalidade* (fls. 966 e-STJ).

E a resultante vetorial do caso concreto foi por não constatar-se hipótese excepcional de modificação do *quantum* por alegada desproporcionalidade, o que, sem dúvida alguma, é a *apreciação equitativa* por excelência, até porque dizer-se que o acórdão não deve ser modificado também é um exercício de equidade.

Por essa via intelectiva, parece não haver, ao menos sob a ótica da competência e da contingência, sede para o juízo de admissibilidade nas pretensões especiais em que a parte alega haver quantificação desproporcional, pois é da apreciação equitativa originária e exclusiva da Corte Superior dizer que há ou não hipótese excepcional de alteração, de acordo com a competência que desenvolveu. Parece que a autoridade judicial que efetua o juízo de admissibilidade não tem mais nada a dizer senão *remetam-se os autos ao Superior Tribunal de Justiça, a quem cabe aferir se é, ou não, hipótese de reconhecimento da vindicada quantificação desproporcional.*

4.2.14. AREsp 523.964/MS. Gerador randômico. Honorários. Documento 301.

O AREsp 523.964 é proveniente de julgamento de Apelação pelo Tribunal de Justiça do Estado do Mato Grosso do Sul. Na origem, a Corte Mato-Grossense julgou apelação veiculada contra sentença que, em ação declaratória de inexistência de relação jurídica cumulada com sustação de protesto, ajuizada por emitente de cheque e adquirente de cabeças de gado contra instituição financeira, julgou improcedente a pretensão.

Segundo a autora, efetuou compra de cabeças de gado com a garantia de dois cheques pós-datados, mas não recebeu os bens, pretendo, por isso, o desfazimento da relação contratual, entabulada verbalmente, com a restituição das cártulas. A ação foi ajuizada contra instituição financeira, porque os cheques foram transferidos ao banco pelo suposto vendedor do gado, em contrato conhecido como *Borderô – Desconto de Cheques,* contrato este que, posteriormente, foi submetido a cobrança por meio de protesto frente à emitente do título. Os fatos ocorreram em 2012.

A pretensão foi julgada improcedente, ao entendimento de que a *causa debendi* não poderia ser discutida com o banco, considerado portador de boa-fé dos títulos. Como consequência da pretensão julgada improcedente, a autora foi condenada a verba honorária de sucumbência, fixada em R$ 3.000,00 (três mil reais), na forma do art. 20, §§ 3º e 4º do Código de Processo Civil de 1973.

O Tribunal Mato-Grossense, ao apreciar Apelação, manteve o decreto de improcedência, por considerar que a instituição financeira é portadora do cheque e poderia, por isso, cobrá-lo, não apenas da emitente originária do título, como do *descontário* (parte que transferiu os cheques ao banco no Contrato de Borderô), na hipótese de a primeira não efetuar o pagamento. A Corte Estadual manteve, também, o importe fixado em sentença quanto aos honorários advocatícios. Note-se, no ponto:

> *No que diz respeito a fixação dos honorários advocatícios, os argumentos suscitados pela apelante não são suficientes para que sejam minorados, pois a verba foi fixada adequadamente, atento ao princípio da proporcionalidade e razoabilidade e, ainda, nos termos da redação do § 4º do artigo 20, uma vez que, sem condenação, o julgador não está vinculado aos percentuais do § 3º, mas, por equidade, deverá arbitrar uma quantia suficiente a remunerar o profissional pelos trabalhos realizados.*
>
> *Além disso, na questão da sucumbência, o insucesso mede-se tanto no aspecto quantitativo quanto no jurídico da pretensão em debate na ação, fixando-a o Juiz com observância aos critérios legais* (fls. 206).

A autora da ação, em virtude desse julgamento, promoveu Recurso Especial sob a alegação de violação de dispositivo de lei federal referente à questão meritória (exequibilidade do cheque frente à alegada invalidade da relação negocial), além dos art. 20, § 4º, do Código de Processo Civil, ao argumento de que foi atribuído o valor de R$ 44.000,00 à causa, sendo certo que, por não ter havido condenação, o importe poderia ser estabelecido em quantia inferior ao percentual mínimo definido no § 3º do art. 20 da codificação ritual.

Assinalou que *o valor fixado na sentença apelada representa demasiado honorário de sucumbência, numa causa que exigiu pouco mais de duas audiências. Desse modo, os honorários não foram fixados de forma equitativa pelo Juízo a quo* (fls. 249).

A Presidência do Tribunal de origem, valendo-se de julgados do Superior Tribunal de Justiça reputados ilustrativos, indeferiu o processamento do Recurso Especial, ao fundamento de que *o apelo interposto com fundamento nas alíneas a e c do permissivo constitucio-*

nal não está apto a merecer análise pela Corte Superior, a teor do que dispõem as Súmulas 7 e 83 do Superior Tribunal de Justiça (fls. 284).

Os autos chegaram à Corte Superior por força de Agravo nos Próprios Autos interposto pela autora da ação, visando à reforma da decisão que negou trâmite ao Recurso Especial. O Agravo foi distribuído ao Ministro Marco Buzzi, integrante da Quarta Turma do Tribunal, que, monocraticamente, conheceu da insurgência, mas negou provimento ao Recurso Especial, por entender o que se segue:

> *(...) no que tange à alegada violação ao art. 20, § 4º, do CPC, a reiterada jurisprudência desta Corte entende que, em regra, não é possível em sede de recurso especial a revisão do valor fixado a título de honorários advocatícios, ante os óbices das Súmulas 7/STJ e 389/STF (fls. 321).*
>
> *Cumpre destacar que a revisão do valor nesta instância especial só é admitida em hipóteses excepcionais, quando manifestamente irrisória ou exorbitante a quantia fixada, situação não verificada nos autos* (fls. 321).

Contra essa decisão, a parte autora veiculou Agravo Interno. Mas os Pares da Quarta Turma da Corte Superior acompanharam o voto do Relator, Ministro Marco Buzzi, para manter a decisão monocrática que rejeitou a pretensão recursal especial, em voto que contou com o seguinte acréscimo de fundamentação à decisão agravada:

> *(...) segundo a reiterada jurisprudência desta Corte, em regra, não é possível em sede de recurso especial a revisão do valor fixado a título de honorários advocatícios, ante os óbices das Súmulas 7/STJ e 389/STF.*
>
> ***A exceção fica por conta de hipóteses nas quais demonstrado nos autos que a verba foi fixada em patamar irrisório ou exorbitante, o que não ocorreu no caso concreto**, porquanto o magistrado estipulou o montante em R$ 3.000,00 (três mil reais), nos termos das diretrizes contidas no art. 20, § 3º, alíneas a, b e c, e § 4º, do CPC* (fls. 347, grifado).

O caso, trazido a este estudo por força do seletor de números aleatórios, é um exemplar para a tese lançada neste estudo.

Neste que é o último caso analisado nesta pesquisa, tem-se visto, como regularidade, que, quando o tópico da irrisoriedade/exorbitância na fixação de honorários advocatícios é questionado no Recurso Especial – tal como ocorre com os temas das sanções por improbidade administrativa e indenização por dano moral – a Corte Superior, tão logo alcançada por meio do competente Agravo em Recurso Especial, não deixa de registrar a sua competência para, em hipóteses símiles, identificar situações em que a metrificação tenha se dado em importes ínfimos ou excessivos, razão pela qual se instaura oportunidade para serem alterados os valores oriundos das Instâncias Ordinárias.

É bem verdade que, com alguma frequência, a alteração não é exercida, porque, circunstancialmente – ou contingentemente, dir-se-á, em melhor técnica –, o Superior Tribunal de Justiça não detecta situação de desproporção.

Mas isso não retira, de modo algum, a noção de que a Corte Superior efetua o exercício de sua competência, sempre com a identificação da premissa maior excepcional, que, no item ora em análise, se deu na expressão *a exceção fica por conta de hipóteses nas quais demonstrado nos autos que a verba foi fixada em patamar irrisório ou exorbitante.*

Esse é o núcleo desencadeador de toda a tese: o desenvolvimento, pela Corte Superior, de uma competência que não mais se limita a aplicar o entendimento tradicional de que a revisão do *quantum* demandaria revisão de fatos e provas em sede especial.

O que é de crucial apontamento em todas as análises – *o eixo condutor para todos os casos observados* – é que o Superior Tribunal de Justiça sempre cuida de rememorar a possibilidade de ser registrada a exceção, a excepcionalidade em determinadas situações (fixações exorbitantes ou irrisórias), hipótese em que se instaura a causa endoprocessual para alteração do *quantum* adveniente das Instâncias Ordinárias.

Portanto, por haver a constante relembrança da competência do Órgão Superior para enfrentar as potenciais situações de excepcionalidade, parece que – sob o ponto de vista da contingência e da competência – todas as vezes em que for argumentado pelo insurgente, em seu Recurso Especial, a desproporcionalidade no estabelecimento de honorários advocatícios, de indenização por dano moral ou de sanções de improbidade administrativa, os autos devem ser imediatamente remetidos para distribuição a um Relator no Superior Tribunal de Justiça, a quem caberá a verificação acerca da alegada falta de razoabilidade na metrificação das questões.

Mas, na presente situação analisada, a Presidência do Tribunal, em *gesto tipicamente pupilar frente ao excesso de luz*, assinalou que o pedido de minoração dos honorários advocatícios *não estaria apto a merecer análise pela Corte Superior.*

Contudo, o pedido da parte autora – *lembre-se, vencida na causa em que tentou desconstituir malsucedida negociação de compra e venda de gado com cheques dados em garantia* – foi para que o valor de R$ 3.000,00 de verba honorária de sucumbência, diante das peculiaridades da causa, devidamente represadas faticamente no acórdão, fosse considerada excepcionalmente excessiva pelos julgadores do Tribunal Superior.

A ideia conjugada de competência jurisdicional e contingência filosófica conduz à percepção de que, ao contrário do que se expressou no juízo de admissibilidade, a causa tem aptidão para ser analisada *originariamente* (entenda-se, quanto ao juízo de excepcionalidade) pela Corte Superior.

A noção axial de contingência é que, pela própria estrutura do sistema recursal, devotado a esperanças futuras de modificação do que foi julgado por decisões pretéritas, o juízo de admissibilidade realizado pela Presidência do Tribunal de origem não tem como saber, na ocasião em que presta o exame admissional, se a causa redundará, ou não (daí a contingência), em caso de excepcional reconhecimento de quantificação ínfima ou exorbitante.

Mesmo que não venha a promover alteração nos valores oriundos do acórdão recorrido, o ponto central é que, diante da pretensão recursal a que se reconheça estar incrustada a desproporção na espécie, a Corte Superior deverá dizer, em virtude da competência que desenvolveu, se há ou não corporificada irrazoabilidade. Trata-se do desfecho é o caso dos autos ou *o que não é o caso dos autos.*

Essa necessária manifestação do Superior Tribunal de Justiça para os pedidos recursais do reconhecimento da irrisoriedade/

excesso é que parece esvaziar o juízo de admissibilidade, ao menos quando se tem como premissas a competência e a contingência.

No caso concreto, o pedido a que se reconhecesse o excesso dos R$ 3.000,00 de honorários de Advogado – por ter havido, segundo a recorrente, autora e sucumbente na ação, *apenas duas audiências ao longo da causa*, – estaria, contingentemente apta a ser observada pelo exclusivo olhar dos julgadores do Tribunal Superior.

Parece que a autoridade judicial que efetua o juízo de admissibilidade não tem mais nada a dizer senão *remetam-se os autos ao Superior Tribunal de Justiça, a quem cabe aferir se é, ou não, hipótese de reconhecimento da vindicada quantificação desproporcional.*

Por uma *tipologia*, é essencial registrar os pontos que se seguem.

(1) Se o tema da proporcionalidade/razoabilidade na fixação de *quantum* foi discutido no acórdão (questão federal devidamente prequestionada), tendo a parte postulado a redução/majoração em Recurso Especial, obtendo, por fim, o juízo positivo de admissibilidade, o único comentário a fazer é que, a partir da tese lançada nesta obra, talvez não houvesse lugar para o juízo de admissibilidade, consoante é do ensinamento da contingência e da competência. Mas, como o recurso foi admitido, este cenário não demanda maiores digressões, pois os autos não dependem de outro recurso para a sua apreciação pela Corte Superior, que observará se a hipótese é, ou não (num recurso sempre se desata a contingência), de excepcionalidade.

(2) Se o tema da proporcionalidade/razoabilidade na fixação de *quantum*, apesar de ter sido argumentado no recurso de Apelação, ficando omisso no aresto do Tribunal e em ulterior resposta a Embargos de Declaração, e a parte manteve as investidas sobre o tema em Recurso Especial, vindo a receber juízo negativo de admissibilidade, talvez não houvesse lugar para o juízo de admissibilidade, conforme quer fazer crer a tese deste estudo, a partir das noções de contingência

e de competência. Mas, como os autos foram enviados ao Tribunal Superior por força de Agravo, a Corte de destino, dada a literalidade do art. 1.025 do CPC/2015, que prevê o chamado prequestionamento ficto (prefere-se dizer presumido), poderá *considerar como debatidos e incluídos no acórdão recorrido os elementos que o embargante suscitou*. No caso em estudo, seriam considerados presumidamente debatidos justamente os aspectos factuais que permeiam os temas do *quantum* em improbidade administrativa, em dano moral, em honorários advocatícios.

(3) Se o tema da proporcionalidade/razoabilidade na fixação de *quantum* foi discutido no acórdão (questão federal devidamente prequestionada), tendo a parte postulado a redução/majoração em Recurso Especial, obtendo, por fim, o juízo negativo de admissibilidade, o comentário a fazer é que, a partir da tese lançada nesta obra, não parece haver lugar para o juízo de admissibilidade, consoante é do ensinamento da contingência e da competência. Talvez devessem os autos, tão logo suscitado o ponto de insurgência no Recurso Especial, ser enviados ao Ministro Relator do Superior Tribunal de Justiça, porventura não haja alguma formalidade incorrigível (como o protocolo além do prazo legal).

(4) Se o tema da proporcionalidade/razoabilidade na fixação de *quantum* não foi discutido no acórdão, mas a parte postulou em Recurso Especial o reconhecimento de que houve excesso/irrisoriedade na metrificação operada pelo acórdão recorrido, obtendo, por fim, o juízo negativo de admissibilidade, o comentário a fazer é que, a partir da tese lançada nesta obra, não parece haver lugar para o juízo de admissibilidade, consoante é do ensinamento da contingência e da competência. É que a análise acerca de eventual dosificação ínfima ou exorbitante é originária da Corte Superior. O Tribunal Superior, consoante o entendimento que desenvolveu ao longo dos anos, realiza comparação entre os fatos que foram represados no acórdão e o *quantum* em

sanções de improbidade, indenização por dano moral, honorários advocatícios. A partir desse contraste, o Superior Tribunal de Justiça averiguará se há – ou não – hipótese excepcional justificadora de alteração dos valores. Por essa razão, a demanda por prequestionamento (submissão de tópicos ao duplo grau de jurisdição) não é decisiva para o desempenho de eventual juízo de excepcionalidade.

5. CONSIDERAÇÕES FINAIS

A preocupação primordial do estudo ora empreendido sempre foi com o direito constitucional dos cidadãos de ter acesso à apreciação de seu Recurso Especial.

De fato, este trabalho visou a estudar, a partir da filosofia e do direito, o caríssimo tema constitucional da *acessibilidade aos Tribunais Superiores*.

O Recurso Especial, consoante aludido neste trabalho, tem previsão constitucional quanto à interposição e à apreciação (especialmente nas hipóteses em que houver alegação de violação, pelo Tribunal de origem, a texto de lei federal infraconstitucional).

Por outro lado, o juízo de admissibilidade não conta com previsão constitucional, sendo apenas mencionado no Código de Processo Civil de 2015.

Mas este estudo não pretendeu, de modo algum, desmerecer o juízo de admissibilidade, e o fato de ele não ter previsão constitucional não deve ser havido como circunstância apta a desprestigiá-lo. Muito pelo contrário, apesar de vigorosas correntes de pensamento destinadas a extingui-lo com o Código de Processo Civil de 2015, foi reconduzido ao diploma e atualmente mantém-se como *estreitíssima pupila*, para usar expressão cara a este estudo: quando chegam notícias de que há muitos processos endereçados às Cortes Superiores (*feixe de luz muito intenso e brilhante que vem do exterior*), suscetível de *ofuscar a visão, talvez até mesmo de danificá-la* (ideia de *desvirtuamento da função institucional*), o estreitamento do acesso do corpo à luz (limitar o trâmite dos Recursos Especiais) é reputado uma proteção, ou blindagem preventiva ao sistema em geral.

Mas o Recurso Especial também tem a sua excelsa importância, e o presente trabalho partiu de certo incômodo ao observar-se o juízo de admissibilidade frente a determinadas pretensões incrustadas nos Recursos Especiais, quais sejam, aqueles pedidos relacionados ao exame de situações consideradas desproporcionais pelo recorrente, sobretudo quando está em jogo algum tipo de quantificação.

Efetivamente, observou-se que, ao longo dos anos, o Superior Tribunal de Justiça passou a exercer uma espécie de *nova competência*, consubstanciada em atribuição para dizer, quando houver postulação no recurso, se o acórdão sobre o qual se interpôs Recurso Especial contém alguma *falta de razoabilidade na metrificação* em casos como de sanções por improbidade administrativa, indenização por dano moral e honorários de Advogado.

Cuida-se de competência exercida – conforme quis a Corte Superior – em situações excepcionais, que são aquelas nas quais se verificar que houve quantificação irrisória ou exorbitante pelos Tribunais locais. Havendo, será possível modificar, pela via do Recurso Especial, o acórdão de origem.

Frente a esse crucial desenvolvimento de competência, é preciso que o Tribunal Superior, quando provocado, diga, ao menos, se há ou não situação de excepcionalidade.

Daí porque, neste estudo, se intitulou que a Corte Superior possui a competência para o *juízo de excepcionalidade, isto é*, verificar se há ou não irrisoriedade ou exorbitância.

Pode-se talvez dizer que a etapa de análise da Corte Superior, diante do que se dissertou, tenha uma espécie de *competência para dizer-se competente* nas situações em que é invocada a pretensão recursal de reconhecimento de hipótese de excepcionalidade.

É que, por este princípio, todo juiz ou órgão judicial detém competência para primeiramente pronunciar-se sobre sua competência (WAMBIER; TALAMINI, 2016, p. 164).

O fato de um recurso judicial ter como desfecho a constatação, ou não, de hipótese excepcional representa o que, em filosofia, se chama de contingência, que é *a possibilidade de o oposto ocorrer no momento em que aquilo ocorre.* No presente estudo, a contingência está na possibilidade de ser reconhecida – *ou não* – a hipótese excepcional justificadora de alteração do *quantum* oriundo das Instâncias Ordinárias.

Em virtude do advento do juízo de excepcionalidade, o juízo de admissibilidade, conforme a diretriz da competência e da contingência, parece não comportar o duplo exame: trata-se de questionamento que, segundo o marco teórico, comportaria *exame único* e originário pela Corte Superior, na medida em que aspectos relativos ao que é ínfimo, ao que é excessivo, desproporcional, razoável, inadequado, entre outros, depende de avaliação individual, tópica, casuística.

Na Justiça, indaga-se: como pode a Corte Superior exercer sua competência de excepcionalidade se, efetuando exame admissional negativo, o Tribunal de origem não permitir a contingência de se rever ou não o caso por excesso/irrisoriedade?

Neste trabalho, defendeu-se a tese de que o juízo de admissibilidade efetua *decisão provisória* quando o tema é considerado *decidível* – pode dizer assim.

É que, como visto, pela observação do ponto a partir do referencial teórico da contingência e da competência, o juízo de excepcionalidade parece não comportar manifestação outra que não aquela adveniente da Corte Superior.

Parece que o juízo de admissibilidade, conscientemente – e sob o marco teórico da contingência filosófica –, pode dizer, acerca da pretensão ao reconhecimento de situação excepcional de excesso/irrisoriedade, *aqui nada se pode dizer a respeito; remetam-se os autos ao juízo competente.* Seria uma aplicação prática da filosofia, isto é, um modelo de despacho de admissibilidade.

Outra ideia que poderia ser suscitada pelas partes e seus Advogados é a seguinte: como o juízo de excepcionalidade foi situação processual criada e desenvolvida pelo Superior Tribunal de Justiça, parece que nada obsta seja suscitado pelo recorrente um *Incidente Originário* ou *Exceção Originária de Desproporcionalidade*, em ordem a que o tema da exorbitância ou da irrisoriedade da quantificação seja enfrentado pela Corte Superior. É claro que ideias como essa não são recepcionadas com mansidão; pelo contrário, a lógica é a de que o tema deve estar necessariamente contido nas razões de Recurso Especial, com o devido prequestionamento (submissão da temática ao duplo grau de jurisdição). Mas a inferência de que é possível um Incidente Originário decorre da aplicação prática da filosofia da contingência e do puro conceito de competência.

Noutra vertente, foi possível, neste trabalho, colher algumas impressões: o tema dos honorários Advocatícios é aquele em que parece haver mais Recursos Especiais cuja admissibilidade foi deferida. Talvez por tratar de uma verba alimentícia, que é fixada pelo Magistrado no próprio caderno processual, quanto ao trabalho desempenhado por um profissional com estreita ligação com o direito, pode ser que o tópico estudado neste trabalho não seja tão grave nesse tema, uma vez que há muitos Recursos Especiais em que o juízo de excepcionalidade é exercido de modo amiúde, seja para manter, seja para alterar o *quantum*.

Não se mostra tão despropositado proceder à reanálise desse tópico em instância superior, uma vez que a verba de sucumbência já é, por si só, adveniente de uma prática endoprocessual (fixação de honorários pelo Juiz).

Por sua vez, no tópico da improbidade administrativa, o cenário parece ser outro, conforme as impressões colhidas. Parece haver maciço número de processos que aportam no Superior Tribunal sob o signo do Agravo nos Próprios Autos, indicando a rejeição de processamento na origem. O tema, mais uma vez, parece ser decisivo: uma certa perspectiva punitivista, associada à constatação de que se teria que saber exatamente *o que o Prefeito fez ou deixou de fazer no procedimento licitatório, ou na obra pública*, por exemplo, conduz o raciocínio à rápida aplicação da Súmula 7/STJ, o que termina por irradiar para o tema da dosimetria das sanções.

Identicamente ocorre com a indenização por dano moral, sujeita a alta indagação acerca dos fatos, parece haver uma tendência de que a distância da Corte Superior com a trama fática conduz à rejeição de processamento do Recurso Especial, inclusive quanto ao ponto da quantificação do importe indenizatório.

Os dados estatísticos não são ainda tão refinados para permitir a plena visualização dessa impressão, infelizmente. Limita-se ao campo das conjeturas.

Essa sorte de afirmação – reconhece-se – não tem validade científica alguma. Mas, lado outro, faz parte de um contexto de observação do pesquisador, isto é, aspectos, elementos, artes e manhas que só quem está em constante aproximação com o objeto de estudo tem capacidade de alcançar.

A linha de raciocínio do estudo não parte da vontade de desenvolver grandes sistemas, nem aprofundar conceitos. Muito pelo contrário, a pretensão foi somente tomar os conceitos em sua mais absoluta simplicidade de significação e aproximá-los, para então traçar ideias e perspectivas de observação. Tudo se deu no âmbito das possibilidades de reflexão que são bem permitidas a um pesquisador que almeje ter o seu trabalho minimamente validado e validável.

O que se revelou importante neste trabalho foi que, no desenvolvimento da atividade heurística (descoberta) sobre o tema de fundo da pesquisa, fez-se necessário aprimorar as técnicas pessoais de construção do conhecimento científico, por meio do emprego de mecanismos de pesquisa (escolha de universo, seleção aleatória de processos) e de análise de decisões judiciais.

Tem-se visto certo retroceder – que não pode ser compreendido como retrocesso, mas como escolha – nalguns julgados do Superior Tribunal de Justiça, que apontam para a mera aplicação do enunciado de Súmula 7 nas pretensões de reconhecimento de excepcionalidade na quantificação de sanções por improbidade.

Isso não representa empeço algum ao presente estudo: muito pelo contrário, pode ser o indicativo de certa consciência de que prestar essa competência balanceadora não seria missão da Corte Superior.

Consequentemente, a firmar-se a linha de simples reexame de prova em sede especial, basta que o *caminho de volta* seja feito na pesquisa vertente: se não há competência da Corte Superior e, portanto, não há contingência alguma (possibilidade scotusiana de ocorrer o *sim* quando é afirmado o *não*, e vice-versa); o juízo de admissibilidade do Tribunal de origem, quando detectar essas situações no Recurso Especial (alegação de violação a texto de lei federal no referente ao *quantum*), tem condição ótima para lançar o enunciado de Súmula 7/STJ e indeferir o processamento do pedido recursal. É o fim da linha para o pretendente a modificação de dano moral, sanções de improbidade, honorários de Advogado em Instância Extraordinária.

Ponha-se em ressalto que um dos objetivos do trabalho foi contribuir para que se entenda o quanto mais a respeito dessa importante fase transicional entre Tribunais, cujo *rito de passagem* é marcado pelo juízo de admissibilidade.

Permitiu ver que, pela via da competência e da contingência, tem-se um caminho de reflexão para que se enxergue a plena acessibilidade do cidadão à Jurisdição Superior, sem que seja necessário passar pelo juízo de admissibilidade e sem que seja necessário proclamar a abolição dessa estrutura.

Então, como afirmação derradeira, percebeu-se certo embotamento do juízo de admissibilidade quando competência jurisdicional e contingência filosófica se tornam referenciais para a condução das análises de situações tidas por excepcionais em Recurso Especial.

O estudo em tela, por ser capaz de permitir que o Recurso Especial alcance o conhecimento pelo Superior Tribunal de Justiça, sem que proclame qualquer abolição do juízo de admissibilidade, consubstanciaria o *direito fundamental à Jurisdição Superior*? Essa é uma interessante vertente de estudo, isto é, compreender-se que ter o caso analisado pelo Tribunal Superior seria um componente da garantia constitucional. As linhas do presente estudo não são comportantes para hipótese com referida estatura.

REFERÊNCIAS

ABBAGNANO, Nicola. **Dicionário de Filosofia.** Tradução de Alfredo Bosi. 5ª edição. São Paulo: Martins Fontes, 2007.

ABBOUD, Georges. *Inovações e polêmicas sobre RE e REsp no CPC-2015: funções dos Tribunais Superiores, recursos contra juízo de admissibiudade e Embargos de Declaração formadores de causa decidida ficcional.* In: ARRUDA ALVIM, Teresa; CIANCI, Mirna; DELFINO, Lucio (coordenadores). **Novo CPC Aplicado visto por Processualistas**. São Paulo: RT, 2017.

ALEXY, Robert. **Teoria dos direitos fundamentais**. Tradução Virgílio Afonso da Silva. 5ª Edição. São Paulo: Malheiros, 2008.

ANDRADE, Adriano; MASSON, Clebe; ANDRADE, Landolfo. **Interesses Difusos e Coletivos**. 2ª Edição. São Paulo: Método, 2012.

AQUINO, Tomás de. **Suma teológica**. Porto Alegre: Escola Superior de Teologia São Lourenço de Brindes, 1980.

ARRUDA ALVIM, Teresa Arruda; DANTAS, Bruno. 3ª edição. **Recurso Especial, Recurso Extraordinário e a nova função dos Tribunais Superiores no Direito Brasileiro**. São Paulo: Thomson Reuters/ RT, 2016.

BANDLER, Richard; GRINDER, John. **Frogs into princess**. Nova Iorque: Real People Press, 1979.

BLAINEY, Geoffrey. **Uma breve História do Mundo**. 3ª edição. São Paulo: Fundamento Educacional, 2015.

BONJOUR, Laurence; BAKER, Ann. **Filosofia. Textos Fundamentais Comentados**. 2ª edição. Tradução de André Nilo Klaudat. Porto Alegre: Atmed, 2010.

BRAGA, Valeschka e Silva. **Princípios da Proporcionalidade & da Razoabilidade**. Curitiba: Juruá, 2004.

BRANQUINHO, João; MURCHO, Desidério. **Enciclopédia de Termos Lógico-Filosóficos**. 1ª edição. São Paulo: Martins Fontes, 2005.

BRÜSEKE, Franz Josef. *A descoberta da contingência pela Teoria Social*. In: **Sociedade e Estado**. Brasília, v. 17, n. 2, jul./dez. 2002.

CHALMERS, Alan Francis. **O que é ciência, afinal?** São Paulo: Brasiliense, 1993.

CHEVALLIER, Jacques. **O Estado pós-moderno**. Tradução de Marçal Justen Filho. Belo Horizonte: Fórum, 2009.

COLARES, Virgínia. *Análise Crítica do Discurso Jurídico (ACDJ): o caso Genelva e a (im)procedência da mudança de nome*. ReVEL, vol. 12, n. 23, 2014.

COSCARELLI, Bruno Costa. **Introdução à Lógica Modal**. Dissertação apresentada ao Instituto de Matemática e Estatística da Universidade de São Paulo para obtenção do Título de Mestre em Ciências. São Paulo: 2008.

CINTRA, Antônio Carlos de Araújo; GRINOVER, Ada Pelegrini; DINAMARCO, Cândido Rangel. **Teoria Geral do Processo**. 26ª edição. São Paulo: Malheiros, 2010.

DINAMARCO, Cândido Rangel. *Superior Tribunal de Justiça e acesso à ordem jurídica justa*. In: TEIXEIRA, Sálvio de Figueiredo (Coordenador). Recursos no Superior Tribunal de Justiça. São Paulo: Saraiva, 1991.

FARIAS, Cristiano Chaves de; BRAGA NETTO, Felipe Peixoto; ROSENVALD, Nelson. **Novo Tratado de Responsabilidade Civil**. São Paulo: Atlas, 2015.

FREITAS FILHO, Roberto. **Intervenção judicial nos contratos e aplicação dos princípios e cláusulas gerais**. Porto Alegre: SAFE, 2009.

FREITAS FILHO, Roberto; MORAES LIMA, Thalita. *Metodologia de Análise de Decisões*. Universitas Jus, Brasília, n. 21, p 1-17, jul./dez. 2010.

FREITAS FILHO, Roberto; MORAES LIMA, Thalita. Indenização por dano extrapatrimonial com função punitiva no direito do consumidor. RDC, São Paulo, v. 22, n. 87, maio/jun. 2013.

HIRSCHBERGER, Johannes. **História da filosofia na Antiguidade**. 2ª edição. São Paulo: Herder, 1969.

JORGE, Flávio Cheim. *Requisitos de admissibilidade dos recursos: entre a relativização e as restrições indevidas. Jurisprudência defensiva.* In: RePro, São Paulo, v. 38, n. 217, p. 13-39, mar. 2013.

KRIPKE, Saul. **O Nomear e a Necessidade**. Tradução de Ricardo Santos e Teresa Filipe. Lisboa: Gradiva, 2012.

KUHN, Thomas. **A Estrutura das Revoluções Científicas**. São Paulo: Perspectiva, 1998.

LARENZ, Karl. **Metodologia da Ciência do Direito**. Tradução de José Lamego. 3ª edição. Lisboa: Fundação Calouste Gulbenkian, 1997.

LILLA, Mark. **The Shipwrecked Mind: on political reaction**. Nova Iorque: New York Review Books, 2016.

LOWENTHAL, Paulo Friedrich Wilhelm. *Razoabilidade e proporcionalidade: distinções e semelhanças*. In: Revista de Direito Constitucional e Internacional, v. 20, n. 81, p. 175-195, out./dez., 2012.

MARCATO, Antonio Carlos. *Breves considerações sobre jurisdição e competência*. Revista do Instituto de Pesquisas e Estudos, Bauru, n. 20, p. 13-30, dez./mar. 1997/1998.

MCGINN, Colin. **Como se faz um filósofo. A minha viagem na Filosofia do séc. XX**. Tradução de Célia Teixeira. Lisboa: Editorial Bizâncio, 2007.

MED, Bohumil. **Teoria da Música**. 4ª edição. Brasília: Musimed, 1996.

MENEZES, Luciana Duarte Sobral. *Dano extrapatrimonial: justa indenização x enriquecimento ilícito*. Biblioteca Digital Editora Fórum. Belo Horizonte, ano 10, n. 116, out/2010.

MITIDIERO, Daniel. **Cortes Superiores e Cortes Supremas. Do controle à interpretação, da jurisprudência ao Precedente**. São Paulo: Thomson Reuters/RT, 2017.

MOREIRA, José Carlos Barbosa. **O Novo Processo Civil Brasileiro**. 29ª edição. São Paulo: Forense, 2012.

MURCHO, Desidério. **Essencialismo Naturalizado. Ascpetos da Metafísica da Modalidade**. Coimbra: Angelus Novus, 2002.

MÜLLER, Julio Guilherme. *O papel fundamental do Superior Tribunal de Justiça no contexto do Estado Democrático de Direito: reflexões a partir do interesse público de uniformização da interpretação da legislação infraconstitucional*. In: RePro, v. 39, n. 238, p. 145-175, dez. 2014.

OLIVEIRA, Pedro Miranda de. Juízo de admissibilidade e juízo de mérito no julgamento dos recursos. Revista Dialética de Direito Processual – RDDP. In: São Paulo, n. 67, p. 93-97, out. 2008, p. 93.

PAIXÃO CORTES, Osmar Mendes. **Recursos para os Tribunais Superiores no novo CPC. Recurso extraordinário, recurso especial, embargos de divergência e agravos**. Brasília: Gazeta Jurídica, 2016.

PRADEAU, Jean-François (org.). **História da Filosofia**. Tradução de James Bastos Arêas e Noéli Correia de Melo Sobrinho. 2ª edição. Petrópolis: Vozes; Rio de Janeiro: PUC-Rio, 2012.

SARLO, Oscar. *El marco teórico em la investigación dogmática*. In: CURTIS, Christian (org). Observar la ley – ensayos sobre metodologia de la investigación jurídica. Madrid: Trotta, 2009, p. 175-208.

SOUSA SILVA, Roberto de. **A existência de Deus em Duns Scotus**. Dissertação apresentada ao Programa de Pós-Graduação em Filosofia da Universidade Federal de São Paulo para obtenção do Título de Mestre em Filosofia. Guarulhos: 2014.

TARUFFO, Michele. *As funções das Cortes Supremas: aspectos Gerais*. In: **Processo Civil Comparado: Ensaios.** Tradução de Daniel Mitidiero. São Paulo: Marcial Pons, 2013, p. 117-139.

VAN CAENEGEM, Baron Raoul Charles. **Uma Introdução Histórica ao Direito Privado**. Tradução de Carlos Eduardo Lima Machado. São Paulo: Martins Fontes, 2000.

WAMBIER, Luiz Rodrigues; TALAMINI, Eduardo. Curso Avançado de Processo Civil. Teoria Geral do Processo. Volume 1. São Paulo: RT, 16ª edição, 2016.

WIEACKER, Franz. **História do Direito Privado Moderno**. Tradução de A.M. Botelho Hespanha. Lisboa: Fundação Calouste Gulbekian, 3ª edição, 1980.

Julgados referenciados (por ordem de menção no texto):

REsp 1.021.851/SP, Rel. Ministra Eliana Calmon, Segunda Turma, DJe 28.11.2008

AgInt na TutPrv no REsp 1.624.020/MA, Rel. Ministro Francisco Falcão, Segunda Turma, DJe 28.08.2017

AREsp 1.164.537/RS, Rel. Ministro Antonio Carlos Ferreira, Quarta Turma, DJe 19.12.2017

REsp 1.597.678/RJ, Rel. Ministro Ricardo Villas Bôas Cueva, Terceira Turma, DJe 24.08.2018

REsp 300.184/SP, Rel. Ministro Franciulli Netto, Segunda Turma, DJ 03.11.2003, p. 291

AgInt nos EDcl no REsp 1.677.252/SP, Rel. Ministro Mauro Campbell Marques, Segunda Turma, DJe 20.02.2018

AgInt no AgInt no AREsp 727.125/ES, Rel. Ministra Regina Helena Costa, Primeira Turma, DJe 14.09.2017

AgInt no REsp 1.319.992/ES, Rel. Ministro Gurgel de Faria, Primeira Turma, DJe 10.10.2016

AgRg no AREsp 669.257/RJ, Rel. Ministro Gurgel de Faria, Rel. p/Acórdão Ministro Napoleão Nunes Maia Filho, Primeira Turma, DJe 20.10.2016

AgInt no AREsp 1.096.729/SP, Rel. Ministra Regina Helena Costa, Primeira Turma, DJe 24.08.2017

AgInt no REsp 1.572.347/RR, Rel. Ministro Benedito Gonçalves, Primeira Turma, DJe 18.08.2017

AgInt no AREsp 966.728/MG, Rel. Ministro Og Fernandes, Segunda Turma, DJe 11.05.2017

AgRg no AREsp 371.808/SC, Rel. Ministra Assusete Magalhães, Segunda Turma, DJe 27.09.2016

AgRg no AREsp 790.561/RJ, Rel. Ministro Herman Benjamin, Segunda Turma, DJe 30.05.2016

AgInt nos EDcl no AREsp 999.974/RJ, Rel. Ministro Paulo de Tarso Sanseverino, Terceira Turma, DJe 19.12.2017

AgInt no AREsp 1.074.215/PE, Rel. Ministro Marco Aurélio Bellizze, Terceira Turma, DJe 01.09.2017

AgInt nos EDcl no AREsp 852.428/SC, Rel. Ministro Antonio Carlos Ferreira, Quarta Turma, DJe 28.06.2017

AgInt no AREsp 1.024.106/SP, Rel. Ministra Nancy Andrighi, Terceira Turma, DJe 15.05.2017

AgInt no AREsp 919.071/ES, Rel. Ministro Sérgio Kukina, Primeira Turma, DJe 24.02.2017

AgRg no AREsp 523.964/MS, Rel. Ministro Marco Buzzi, Quarta Turma, DJe 11.09.2015

Páginas eletrônicas acessadas (por ordem de aparecimento no texto):

https://www.conjur.com.br/2015-jul-14/stj-restabelecer-regras-admissibilidade-cpc , acesso em 1º de fevereiro de 2018.

http://www.stj.jus.br/webstj/Processo/Boletim/?vPortalAreaPai=183&vPortalArea=584, acesso em 1º de fevereiro de 2018.

https://www.conjur.com.br/2013-abr-05/stm-reage-instalacao-comissao-cnj-avaliar-relevancia, acesso em 11.02.2018, às 12:08.

https://veja.abril.com.br/politica/a-avalanche-de-processos-que-trava-o-tribunal-mais-importante-do-pais/, acesso em 11.02.2018, às 16:30.

http://www25.senado.leg.br/web/atividade/materias/-/materia/128403 , acesso em 11.02.2018, às 16:45.

www.stj.jus.br/sites/STJ/default/pt_BR/Comunicação/noticias/Notícias/AREsp:-Corte-Especial-mantém-necessidade-de-impugnação-de-todos-os-fundamentos-da-decisão-agravada, acesso em 21.09.2018.

http://www.stj.jus.br/docs_internet/SumulasSTJ.pdf, acesso em 29.01.2018, p. 226.

http://www.stf.jus.br/arquivo/cms/jurisprudenciaSumula/anexo/Enunciados_Sumulas_STF_1_a_736_Resumido.pdf, acesso em 29.01.2018.

http://www1.folha.uol.com.br/poder/2016/12/1844509-em-ano-de-crises-supremo-tem-18-menos-decisoes-coletivas.shtml, acesso em 13.01.2018, 17:27. Também: https://www.jota.info/artigos/a-monocratizacao-do-stf-03082015, acesso em 13.01.2018, 17:43.

https://oglobo.globo.com/brasil/congestionamento-de-processos-em-tribunais-chega-71-do-estoque-de-acoes-14018870 , acesso em 27.02.2018.

https://www.conjur.com.br/2014-jun-24/basta-perversidade-jurisprudencia-defensiva, acesso em 06.06.2018, 14:30.

http://www.stf.jus.br/portal/cms/verNoticiaDetalhe.asp?idConteudo=380038, acesso em 10.06.2018, às 11:31.

http://www.stj.jus.br/file_source/STJ/Midias/arquivos/2709_Campos_do_Acordao_com_Logo_v4.pdf , acesso em 16.02.2018.

www.sorteador.com.br

http://pt.calcprofi.com/gerador-de-numeros-aleatorios-on-line.html

https://www.invertexto.com/numeros-aleatorios

Gerador de Números Aleatórios

Quantidade de números:

3

(máximo: 10.000)

Números inteiros entre

1

e

122

Formado em

1

coluna(s).

Gerar Números

Resultado:

37
53
23

Gerador de Números Aleatórios

Quantidade de números:

3

(máximo: 10.000)

Números inteiros entre

1

e

500

Formado em

1

coluna(s).

Gerar Números

Resultado:

206
36
169

Gerador de Números Aleatórios

Quantidade de números:

3

(máximo: 10.000)

Números inteiros entre

1

e

500

Formado em

1

coluna(s).

Gerar Números

Resultado:

72
301
101

VOLITIVO - REEXAME DE FATOS E PROVAS)
STJ - AgRg no AREsp 160407-SE, AgRg no AREsp 175631-RN,
(CONSIDERAÇÕES DO MINISTRO - ATO DE **IMPROBIDADE** ADMINISTRATIVA - CARACTERIZAÇÃO - NECESSIDADE DE ELEMENTO SUBJETIVO - DOLO - CULPA)
STJ - AgRg no AREsp 532421-PE

Documento 37

Processo

AgRg no **AREsp** 371808 / SC
AGRAVO REGIMENTAL NO AGRAVO EM RECURSO ESPECIAL
2013/0228909-8

Relator(a)

Ministra ASSUSETE MAGALHÃES (1151)

Órgão Julgador

T2 - SEGUNDA TURMA

Data do Julgamento

15/09/2016

Data da Publicação/Fonte

DJe 27/09/2016

Ementa

ADMINISTRATIVO E PROCESSUAL CIVIL. AGRAVO REGIMENTAL NO AGRAVO EM RECURSO ESPECIAL. AÇÃO CIVIL PÚBLICA. **IMPROBIDADE** ADMINISTRATIVA. PUBLICIDADE INSTITUCIONAL. PROMOÇÃO PESSOAL. PROCEDÊNCIA DA AÇÃO DE **IMPROBIDADE**. ART. 11, I, DA LEI 8.429/92. **SANÇÕES** IMPOSTAS PELO ACÓRDÃO RECORRIDO, EM FACE DOS PRINCÍPIOS DA **PROPORCIONALIDADE** E **RAZOABILIDADE** E DA PROVA DOS AUTOS. REVISÃO. REEXAME DE MATÉRIA FÁTICO-PROBATÓRIA. IMPOSSIBILIDADE. SÚMULA 7/STJ. AGRAVO REGIMENTAL IMPROVIDO. I. Agravo Regimental interposto contra decisão publicada na vigência do CPC/73. II. Na origem, trata-se de Ação Civil Pública, ajuizada pelo Ministério Público do Estado de Santa Catarina, em face do então Prefeito do Município de Joinville, sob o fundamento de que este ter-se-ia utilizado de exemplares do Jornal do Município de Joinville para se promover, violando o art. 37, XXI, § 1º, da CF/88 e o art. 16, § 6º, da Carta Estadual, que vedam a realização de publicidade contendo símbolos, nomes ou imagens que caracterizem promoção pessoal de autoridades ou servidores públicos. III. Julgada procedente a ação de **improbidade** administrativa, em relação às penalidades previstas no art. 12 da Lei 8.429/92 o Tribunal de origem deu parcial provimento à Apelação do réu, para determinar tão somente o ressarcimento ao Erário municipal, no valor de R$ 3.435,39, e a aplicação de multa civil, no valor correspondente a 1 (um) vencimento líquido do requerido, na data da prolação da sentença. IV. Segundo consignado no acórdão recorrido, à luz das provas dos autos, "sopesando a natureza, a gravidade e as consequências da violação aos princípios da administração constatada", as penalidades impostas ao réu, pelo acórdão, atendem aos princípios da **razoabilidade** e da **proporcionalidade**. V. "A jurisprudência desta Corte é unissona no sentido de que a revisão da dosimetria das **sanções** aplicadas em ações de **improbidade** administrativa implica reexame do conjunto fático-probatório dos autos, o que esbarra na Súmula 7/STJ, salvo em hipóteses excepcionais, nas quais, da leitura do acórdão recorrido, exsurge a **desproporcionalidade** entre o ato praticado e as **sanções** aplicadas, o que não é o caso vertente" (AgRg no AREsp 435.657/SP, Rel. Ministro HUMBERTO MARTINS, SEGUNDA TURMA, DJe de 22/05/2014). Nesse sentido: STJ, AgRg no AREsp 725.526/SE, Rel. Ministro HUMBERTO MARTINS, SEGUNDA TURMA, DJe de 23/09/2015; STJ, AgRg no AREsp 435.657/SP, Rel. Ministro HUMBERTO MARTINS, SEGUNDA TURMA, DJe de 22/05/2014; STJ, AgRg no Ag 1.376.614/SP, Rel. Ministro HERMAN BENJAMIN, SEGUNDA TURMA, DJe de 19/09/2011. VI. Agravo Regimental improvido.

Acórdão

Vistos, relatados e discutidos os autos em que são partes as acima indicadas, acordam os Ministros da Segunda Turma do Superior Tribunal de Justiça por unanimidade, negar provimento ao agravo interno, nos termos do voto da Sra. Ministra Relatora. Os Srs. Ministros Francisco Falcão, Herman Benjamin, Og Fernandes e Mauro Campbell Marques votaram com a Sra. Ministra Relatora.

Referência Legislativa

LEG:FED CFB:****** ANO:1988
***** CF-1988 CONSTITUIÇÃO FEDERAL DE 1988
ART:00037 INC:00021 PAR:00001

LEG:EST CES:****** ANO:1989
***** CES-SC CONSTITUIÇÃO DE SANTA CATARINA
ART:00016 PAR:00006

LEG:FED LEI:008429 ANO:1992
***** LIA-92 LEI DE **IMPROBIDADE** ADMINISTRATIVA
ART:00011 INC:00001

STJ - AgRg no REsp 1513451-CE, AgRg no AREsp 597359-MG, AgRg no AREsp 532658-CE, AgRg no AREsp 435657-SP

Documento 53

Processo

AgRg no **AREsp** 790561 / RJ
AGRAVO REGIMENTAL NO AGRAVO EM RECURSO ESPECIAL
2015/0248600-7

Relator(a)

Ministro HERMAN BENJAMIN (1132)

Órgão Julgador

T2 - SEGUNDA TURMA

Data do Julgamento

23/02/2016

Data da Publicação/Fonte

DJe 30/05/2016

Ementa

AGRAVO REGIMENTAL EM AGRAVO EM RECURSO ESPECIAL. PRESCRIÇÃO. FUNDAMENTO INATACADO. SÚMULA 182/STJ. **IMPROBIDADE** ADMINISTRATIVA. MATÉRIA FÁTICO-PROBATÓRIA. INCIDÊNCIA DA SÚMULA 7/STJ. PENALIDADES. CUMULAÇÃO. POSSIBILIDADE. ART. 12 DA LEI 8.429/92. PRINCÍPIOS DA **RAZOABILIDADE** E DA **PROPORCIONALIDADE**. EXCESSO NÃO DEMONSTRADO. ARESTO EM CONFORMIDADE COM A JURISPRUDÊNCIA DO STJ. SÚMULA 83/STJ. AGRAVO REGIMENTAL NÃO PROVIDO. 1. Conforme já disposto no decisum combatido, os agravantes deixaram de impugnar a incidência da Súmula 280/STF, de modo que, quanto à tese da ocorrência da prescrição, não se pode conhecer do Agravo. Incidência da Súmula 182/STJ. 2. O Tribunal de origem concluiu, com base na prova dos autos, que os recorrentes praticaram os atos **improbos** descritos nos arts. 11 da Lei 8.429/1992 e que o dolo foi comprovado. A alteração desse entendimento implica reexame de fatos e provas, obstado pelo teor da Súmula 7/STJ. 3. O Superior Tribunal de Justiça firmou a compreensão de que não há impedimento à aplicação cumulativa das **sanções** previstas no art. 12 da LIA, bastando que a dosimetria respeite os princípios constitucionais da **proporcionalidade** e da **razoabilidade**. 4. Não há **desproporcionalidade** nas **sanções** aplicadas. Aresto em conformidade com a jurisprudência desta Corte. Súmula 83/STJ. 5. Agravo Regimental conhecido parcialmente, mas não provido.

Acórdão

Vistos, relatados e discutidos os autos em que são partes as acima indicadas, acordam os Ministros da SEGUNDA Turma do Superior Tribunal de Justiça: "A Turma, por unanimidade, conheceu em parte do agravo regimental e, nessa parte, negou-lhe provimento, nos termos do voto do(a) Sr(a). Ministro(a)-Relator(a)." Os Srs. Ministros Mauro Campbell Marques, Assusete Magalhães (Presidente), Diva Malerbi (Desembargadora convocada do TRF da 3a. Região) e Humberto Martins votaram com o Sr. Ministro Relator.

Notas

Veja os EDcl no AgRg no AREsp 790561-RJ que foram parcialmente acolhidos.

Informações Adicionais

É possível a aplicação da Súmula 83 do STJ aos recursos especiais interpostos pela alínea "a" do artigo 105, III, da Constituição Federal, de acordo com a jurisprudência do STJ.

Referência Legislativa

LEG:FED SUM:****** ANO:****
***** SUM(STJ) SÚMULA DO SUPERIOR TRIBUNAL DE JUSTIÇA
SUM:000007 SUM:000083

LEG:FED LEI:008429 ANO:1992
***** LIA-92 LEI DE **IMPROBIDADE** ADMINISTRATIVA
ART:00011 ART:00012

LEG:FED CFB:****** ANO:1988
***** CF-1988 CONSTITUIÇÃO FEDERAL DE 1988
ART:00105 INC:00003 LET:A

Veja

PROVAS)
STJ - AgRg no AREsp 746800-RJ, AgRg no REsp 1535600-RN
(DOSIMETRIA DA PENA - REEXAME DE PROVAS)
STJ - AgRg no REsp 1337768-MG, AgInt no AREsp 926632-PB

Documento 23

Processo

AgInt no **AREsp** 966728 / MG
AGRAVO INTERNO NO AGRAVO EM RECURSO ESPECIAL
2016/0212866-0

Relator(a)

Ministro OG FERNANDES (1139)

Órgão Julgador

T2 - SEGUNDA TURMA

Data do Julgamento

25/04/2017

Data da Publicação/Fonte

DJe 11/05/2017

Ementa

ADMINISTRATIVO E PROCESSUAL CIVIL. AGRAVO INTERNO NO AGRAVO EM RECURSO ESPECIAL. AÇÃO CIVIL PÚBLICA. **IMPROBIDADE** ADMINISTRATIVA. VIOLAÇÃO DO ART. 535 DO CPC/73. INEXISTÊNCIA. ÔNUS DA PROVA. MALFERIMENTO DO ART. 11 DA LEI N. 8.429/92. **PROPORCIONALIDADE** DAS **SANÇÕES.** SÚMULA 7/STJ. 1. Não merece prosperar a tese de violação do art. 535 do CPC/73, porquanto o acórdão recorrido fundamentou, claramente, o posicionamento por ele assumido, de modo a prestar a jurisdição que lhe foi postulada. 2. Sendo assim, não há que se falar em omissão do aresto. O fato de o Tribunal a quo haver decidido a lide de forma contrária à defendida pela parte recorrente, elegendo fundamentos diversos daqueles por ela propostos, não configura omissão ou qualquer outra causa passível de exame mediante a oposição de embargos de declaração. 3. Rever o entendimento do Tribunal de origem, quanto à existência de atos de **improbidade** e dolo na conduta dos agravantes, bem como o ônus da prova, implica o imprescindível reexame das provas constantes dos autos, o que é defeso em sede de recurso especial ante o que preceitua a Súmula 7/STJ: "A pretensão de simples reexame de prova não enseja recurso especial". 4. Em relação à **proporcionalidade** das **sanções** aplicadas, recai o tema na aplicação da Súmula 7/STJ. 5. Agravo interno a que se nega provimento.

Acórdão

Vistos, relatados e discutidos os autos em que são partes as acima indicadas, acordam os Ministros da Segunda Turma do Superior Tribunal de Justiça, por unanimidade, negar provimento ao agravo interno, nos termos do voto do Sr. Ministro Relator. Os Srs. Ministros Mauro Campbell Marques, Assusete Magalhães (Presidente), Francisco Falcão e Herman Benjamin votaram com o Sr. Ministro Relator.

Referência Legislativa

LEG:FED SUM:****** ANO:****
***** SUM(STJ) SÚMULA DO SUPERIOR TRIBUNAL DE JUSTIÇA
SUM:000007

Veja

(**PROPORCIONALIDADE** DAS **SANÇÕES** APLICADAS - REEXAME DE PROVAS)
STJ - REsp 1607870-MG

Sucessivos

AgInt no REsp 1599942 RS 2016/0112895-6 Decisão:12/12/2017 DJe DATA:19/12/2017

Documento 24

Processo

AgInt no **AREsp** 330846 / PR
AGRAVO INTERNO NO AGRAVO EM RECURSO ESPECIAL
2013/0076849-0

Relator(a)

Ministra REGINA HELENA COSTA (1157)

Órgão Julgador

LEG:FED SUM:****** ANO:****
***** SUM(STJ) SÚMULA DO SUPERIOR TRIBUNAL DE JUSTIÇA
SUM:000007

Veja

(DANOS MORAIS - REVISÃO - REEXAME DO CONTEÚDO FÁTICO-PROBATÓRIO)
STJ - AgInt no AREsp 842702-RS, AgRg no AREsp 440506-RJ

Documento 207

Processo

AgInt nos EDcl no **AREsp** 852428 / SC
AGRAVO INTERNO NOS EMBARGOS DE DECLARAÇÃO NO AGRAVO EM RECURSO ESPECIAL
2016/0027399-0

Relator(a)

Ministro ANTONIO CARLOS FERREIRA (1146)

Órgão Julgador

T4 - QUARTA TURMA

Data do Julgamento

20/06/2017

Data da Publicação/Fonte

DJe 28/06/2017

Ementa

CIVIL. PROCESSUAL CIVIL. AGRAVO INTERNO NOS EMBARGOS DE DECLARAÇÃO NO AGRAVO EM RECURSO ESPECIAL. SERVIÇO DE TELEFONIA. MANUTENÇÃO INDEVIDA DO NOME DO CONSUMIDOR EM ÓRGÃO DE PROTEÇÃO AO CRÉDITO APÓS O PAGAMENTO DO DÉBITO. VALOR DA INDENIZAÇÃO. PRINCÍPIOS DA **PROPORCIONALIDADE** E DA **RAZOABILIDADE**. SÚMULA N. 7/STJ. DECISÃO MANTIDA. 1. Somente em hipóteses excepcionais, quando irrisório ou exorbitante o valor da **indenização** por **danos morais** arbitrado na origem, a jurisprudência desta Corte permite o afastamento do óbice da Súmula n. 7/STJ, para possibilitar a revisão. No caso, o montante estabelecido pelo Tribunal de origem não se mostra excessivo, a justificar sua reavaliação em recurso especial. 2. Agravo interno a que se nega provimento.

Acórdão

A Quarta Turma, por unanimidade, negou provimento ao agravo interno, nos termos do voto do Sr. Ministro Relator. Os Srs. Ministros Marco Buzzi, Luis Felipe Salomão, Raul Araújo e Maria Isabel Gallotti (Presidente) votaram com o Sr. Ministro Relator.

Notas

Indenização por **dano moral**: R$ 20.000,00(vinte mil reais).

Referência Legislativa

LEG:FED SUM:****** ANO:****
***** SUM(STJ) SÚMULA DO SUPERIOR TRIBUNAL DE JUSTIÇA
SUM:000007

Veja

STJ - AgRg no AREsp 494754-SP, AgRg no Ag 1395042-SP,
AgRg no AREsp 273350-SP, AgRg no AREsp 451804-SP

Documento 208

Processo

AgInt no **AREsp** 843487 / SP
AGRAVO INTERNO NO AGRAVO EM RECURSO ESPECIAL
2016/0011706-9

Relator(a)

Ministro PAULO DE TARSO SANSEVERINO (1144)

Órgão Julgador

STJ - REsp 259816-RJ

Sucessivos

AgInt no AREsp 1095706 PR 2017/0101158-0 Decisão:06/02/2018 DJe DATA:09/02/2018

Documento 36

Processo

AgInt nos EDcl no **AREsp** 999974 / RJ
AGRAVO INTERNO NOS EMBARGOS DE DECLARAÇÃO NO AGRAVO EM RECURSO ESPECIAL
2016/0271648-7

Relator(a)

Ministro PAULO DE TARSO SANSEVERINO (1144)

Órgão Julgador

T3 - TERCEIRA TURMA

Data do Julgamento

05/12/2017

Data da Publicação/Fonte

DJe 19/12/2017

Ementa

AGRAVO INTERNO NOS EMBARGOS DE DECLARAÇÃO NO AGRAVO EM RECURSO ESPECIAL. PROCESSUAL CIVIL. AÇÃO DE **INDENIZAÇÃO** POR **DANOS MORAIS**. ATROPELAMENTO. DANO MORAL CONFIGURADO. QUANTUM. **RAZOABILIDADE**. OFENSA AO ART. 535 DO CPC/1973. INOCORRÊNCIA. REVISÃO DE MATÉRIA FÁTICO-PROBATÓRIA. IMPOSSIBILIDADE. SÚMULA 07/STJ. AUSÊNCIA DE FUNDAMENTOS QUE JUSTIFIQUEM A ALTERAÇÃO DA DECISÃO RECORRIDA. AGRAVO INTERNO DESPROVIDO.

Acórdão

Vistos e relatados estes autos em que são partes as acima indicadas, decide a Egrégia TERCEIRA TURMA do Superior Tribunal de Justiça, por unanimidade, negar provimento ao agravo, nos termos do voto do Sr. Ministro Relator. Os Srs. Ministros Ricardo Villas Bôas Cueva, Moura Ribeiro (Presidente) e Nancy Andrighi votaram com o Sr. Ministro Relator. Impedido o Sr. Ministro Marco Aurélio Bellizze. Presidiu o julgamento o Sr. Ministro Moura Ribeiro.

Notas

Indenização por **dano moral**: R$ 200.000,00 (duzentos mil reais).

Referência Legislativa

LEG:FED SUM:****** ANO:****
***** SUM(STJ) SÚMULA DO SUPERIOR TRIBUNAL DE JUSTIÇA
SUM:000007

Veja

(DANO MORAL - REVISÃO - REEXAME DE PROVAS)
STJ - AgRg no AREsp 765752-RS, AgRg no REsp 1212338-RJ

Documento 37

Processo

AgRg no **AREsp** 751988 / SP
AGRAVO REGIMENTAL NO AGRAVO EM RECURSO ESPECIAL
2015/0183225-9

Relator(a)

Ministro RICARDO VILLAS BÔAS CUEVA (1147)

Órgão Julgador

T3 - TERCEIRA TURMA

Data do Julgamento

(DANOS MORAIS - ARBITRAMENTO DO VALOR - **PROPORCIONALIDADE**)
STJ - AgRg no AREsp 481558-RJ
(DANOS MORAIS - ARBITRAMENTO DO VALOR - REEXAME DE MATÉRIA FÁTICO-PROBATÓRIA)
STJ - AgInt no AREsp 1059299-RJ,
AgInt no AREsp 1057609-CE,
AgInt no REsp 1636673-SC

Documento 169

Processo

AgInt no **AREsp** 1074215 / PE
AGRAVO INTERNO NO AGRAVO EM RECURSO ESPECIAL
2017/0065431-2

Relator(a)

Ministro MARCO AURÉLIO BELLIZZE (1150)

Órgão Julgador

T3 - TERCEIRA TURMA

Data do Julgamento

22/08/2017

Data da Publicação/Fonte

DJe 01/09/2017

Ementa

AGRAVO INTERNO NO AGRAVO EM RECURSO ESPECIAL. PLANO DE SAÚDE. RESPONSABILIDADE CIVIL. 1. SIMPLES REFERÊNCIA A DISPOSITIVO LEGAL DESACOMPANHADA DA NECESSÁRIA ARGUMENTAÇÃO QUE SUSTENTE A ALEGADA OFENSA À LEI FEDERAL. INCIDÊNCIA DA SÚMULA 284 DO STF. 1.1. AINDA QUE ASSIM NÃO FOSSE, O ENTENDIMENTO DA CORTE DE ORIGEM É CONSENTÂNEO COM A JURISPRUDÊNCIA DO STJ. RECUSA INDEVIDA DE LIBERAR ÓRTESES OU PRÓTESES. DANO MORAL CONFIGURADO. 1.2. ACOLHIMENTO DO INCONFORMISMO QUE DEMANDA REEXAME DE PROVAS. SÚMULA 7 DO STJ. 2. PRETENSÃO DE ALTERAÇÃO DO VALOR FIXADO A TÍTULO DE DANO MORAL. IMPOSSIBILIDADE. SÚMULA 7 DO STJ. 3. AGRAVO INTERNO IMPROVIDO. 1. A alegação de ofensa à lei federal presume a realização do cotejo entre o conteúdo preceituado na norma e os argumentos aduzidos nas razões recursais, com vistas a demonstrar a devida correlação jurídica entre o fato e o mandamento legal. Nesse passo, a simples referência a dispositivo legal, desacompanhada da necessária argumentação que sustente a alegada ofensa à lei federal, não é suficiente para o conhecimento do recurso especial. Incidência da Súmula 284 do STF. 1.1. Ainda que assim não fosse, é pacífica a jurisprudência desta Corte no sentido de que a recusa indevida/injustificada, pela operadora de plano de saúde, em autorizar a cobertura de tratamento médico prescrito, a que esteja legal ou contratualmente obrigada, gera direito de ressarcimento a título de dano moral. 1.2. Além disso, o acolhimento do inconformismo, segundo as alegações vertidas nas razões do apelo nobre, demanda revolvimento do acervo fático-probatório dos autos, situação vedada pela Súmula 7 do STJ. 2. O quantum **indenizatório** arbitrado na instância ordinária, a título de **danos morais**, só pode ser examinado nesta Corte nos casos em que o valor **indenizatório** for irrisório ou exorbitante. 2.1. Na hipótese em foco, o Tribunal de origem fixou os danos morais em R$ 10.000,00 (dez mil reais) de acordo com as peculiaridades do caso concreto, seguindo os princípios da **razoabilidade** e **proporcionalidade**. Desse modo, a compensação fixada na origem não se mostra excessiva, sendo, portanto, caso de aplicação do enunciado n. 7 da Súmula desta Corte Superior. 3. Agravo interno improvido.

Acórdão

Vistos, relatados e discutidos estes autos, acordam os Ministros da Terceira Turma do Superior Tribunal de Justiça, na conformidade dos votos e das notas taquigráficas a seguir, por unanimidade, negar provimento ao agravo, nos termos do voto do Sr. Ministro Relator. Os Srs. Ministros Moura Ribeiro, Nancy Andrighi, Paulo de Tarso Sanseverino e Ricardo Villas Bôas Cueva votaram com o Sr. Ministro Relator.

Notas

Indenização por **dano moral**: R$ 10.000,00 (dez mil reais).

Referência Legislativa

LEG:FED SUM:****** ANO:****
***** SUM(STJ) SÚMULA DO SUPERIOR TRIBUNAL DE JUSTIÇA
SUM:000007

Veja

(DANO MORAL - QUANTUM - REEXAME DE PROVA - SÚMULA 7/STJ)
STJ - AgRg no REsp 1436158-SC, AgRg no AREsp 144418-MT

DE
FUNDAMENTAÇÃO)
STJ - REsp 846049-SP

Documento 72

Processo

AgInt no **AREsp** 1024106 / SP
AGRAVO INTERNO NO AGRAVO EM RECURSO ESPECIAL
2016/0314631-2

Relator(a)

Ministra NANCY ANDRIGHI (1118)

Órgão Julgador

T3 - TERCEIRA TURMA

Data do Julgamento

02/05/2017

Data da Publicação/Fonte

DJe 15/05/2017

Ementa

PROCESSUAL CIVIL. AGRAVO INTERNO NO AGRAVO EM RECURSO ESPECIAL. AÇÃO DE OBRIGAÇÃO DE FAZER. CANCELAMENTO DE HIPOTECA. NEGATIVA DE PRESTAÇÃO JURISDICIONAL. AUSÊNCIA. **HONORÁRIOS** ADVOCATÍCIOS. IRRISORIEDADE. 1. Devidamente analisadas as questões de mérito, e fundamentado corretamente o acórdão recorrido, não há que se falar em negativa de prestação jurisdicional. 2. São irrisórios os **honorários** advocatícios fixados em patamar inferior a 1% sobre o valor atualizado da causa. Precedentes. 3. Agravo provido, para fixar a verba honorária em 1% do valor atualizado da demanda.

Acórdão

Vistos, relatados e discutidos estes autos, acordam os Ministros da Terceira Turma do Superior Tribunal de Justiça, na conformidade dos votos e das notas taquigráficas constantes dos autos, por unanimidade, dar provimento ao agravo regimental nos termos do voto do(a) Sr(a) Ministro(a) Relator(a). Os Srs. Ministros Paulo de Tarso Sanseverino, Ricardo Villas Bôas Cueva, Marco Aurélio Bellizze e Moura Ribeiro votaram com a Sra. Ministra Relatora.

Informações Adicionais

"[...] o Superior Tribunal de Justiça, via de regra, não admite rever os **honorários** advocatícios fixados pelo Tribunal de origem, notadamente quando isso é feito com base no art. 20, § 4º, do CPC. É que, nessas hipóteses, invariavelmente o recurso esbarra no óbice da Súmula 7 desta Corte. Todavia, também é verdadeiro que o STJ mitiga esse entendimento em hipóteses excepcionais, nas quais se verifica a fixação da verba honorária em montante muito aquém do que seria **razoável**, ofendendo, assim, a dignidade profissional do advogado, ou muito além desse limite, o que implicaria enriquecimento ilícito do causídico vitorioso [...]". "[...] a hipótese em julgamento se amolda ao disposto no § 4º do art. 20 do CPC/73 - dada a ausência de condenação ao pagamento de quantia certa -, como acertadamente decidiu o acórdão recorrido, de maneira que a fixação da verba honorária não está adstrita aos limites previstos no § 3º do mesmo dispositivo legal".

Referência Legislativa

LEG:FED LEI:005869 ANO:1973
***** CPC-73 CÓDIGO DE PROCESSO CIVIL DE 1973
ART:00020 PAR:00003 PAR:00004

Veja

(RECURSO ESPECIAL - REVISÃO DE **HONORÁRIOS** ADVOCATÍCIOS)
STJ - EREsp 494377-SP
(**HONORÁRIOS** ADVOCATÍCIOS - MENOS DE 1% DO VALOR DA CAUSA - VALOR

Superior
Tribunal de Justiça

Jurisprudência do STJ

Documento 301

Processo

AgRg no **AREsp** 523964 / MS
AGRAVO REGIMENTAL NO AGRAVO EM RECURSO ESPECIAL
2014/0124528-4

Relator(a)

Ministro MARCO BUZZI (1149)

Órgão Julgador

T4 - QUARTA TURMA

Data do Julgamento

03/09/2015

Data da Publicação/Fonte

DJe 11/09/2015

Ementa

AGRAVO REGIMENTAL NO AGRAVO (ART. 544 DO CPC) - AÇÃO DECLARATÓRIA DE INEXISTÊNCIA DE RELAÇÃO JURÍDICA CUMULADA COM SUSTAÇÃO DE PROTESTO E INDENIZAÇÃO POR DANOS MORAIS - DECISÃO MONOCRÁTICA QUE CONHECEU DO RECLAMO PARA NEGAR SEGUIMENTO AO RECURSO ESPECIAL. IRRESIGNAÇÃO DA AUTORA. 1. Nos termos da Sumula 292 do STF, a admissão do recurso especial por uma das alíneas do permissivo constitucional não prejudica o seu conhecimento por qualquer dos outros. O caso apresentado, contudo, não se enquadra na hipótese, haja vista que a decisão monocrática aplicou óbices impeditivos de exame da controvérsia por ambas as alíneas do permissivo constitucional. 2. A admissibilidade do recurso especial pressupõe que tenha o recorrente desenvolvido uma argumentação lógica e jurídica apta a demonstrar de que forma se deu a suposta vulneração do dispositivo legal, o que não ocorreu na hipótese ora em foco, haja vista ter o recorrente se limitado a afirmar, genericamente, que a parte ex adversa não teria produzido uma única prova acerca do seu desconhecimento sobre o negócio jurídico que deu origem aos cheques e de sua posterior resilição. 3. Somente em hipóteses excepcionais, quando manifestamente irrisório ou exorbitante o valor da verba honorária, a jurisprudência desta Corte permite o afastamento da Súmula n. 7/STJ para possibilitar a revisão da quantia fixada. No presente caso, não se evidencia hipótese que autorize a pleiteada redução, haja vista ter sido estipulada com moderação e **razoabilidade** em R$ 3.000,00 (três mil reais). 4. A conclusão da Corte local acerca da boa-fé e ausência de conhecimento da relação negocial pelo banco recorrido, portador do cheque, decorreu de convicção formada em face dos elementos fáticos e probatórios dos autos. Rever o entendimento implicaria reexame de provas, hipótese vedada pela Súmula 7 deste Superior Tribunal de Justiça. 5. A análise dos depoimentos das partes demandaria o reexame de fatos e provas, procedimento vedado no âmbito desta Corte Superior. 6. Agravo regimental desprovido.

Acórdão

Vistos, relatados e discutidos os autos em que são partes as acima indicadas, acordam os Ministros da QUARTA TURMA do Superior Tribunal de Justiça, por unanimidade, negar provimento ao agravo regimental, nos termos do voto do Sr. Ministro Relator. Os Srs. Ministros Luis Felipe Salomão, Raul Araújo, Maria Isabel Gallotti (Presidente) e Antonio Carlos Ferreira votaram com o Sr. Ministro Relator.

Referência Legislativa

LEG:FED SUM:******
***** SUM(STF) SÚMULA DO SUPREMO TRIBUNAL FEDERAL
SUM:000292 SUM:000389

LEG:FED SUM:******
***** SUM(STJ) SÚMULA DO SUPERIOR TRIBUNAL DE JUSTIÇA
SUM:000007

LEG:FED LEI:005869 ANO:1973
***** CPC-73 CÓDIGO DE PROCESSO CIVIL DE 1973
ART:00020 PAR:00003 LET:C LET:B LET:A
PAR:00004

Veja

(**HONORÁRIOS** DE ADVOGADO - REVISÃO - REEXAME DE PROVAS)

Superior
Tribunal de Justiça

Jurisprudência do STJ

Documento 101

Processo

AgInt no **AREsp** 919071 / ES
AGRAVO INTERNO NO AGRAVO EM RECURSO ESPECIAL
2016/0135515-9

Relator(a)

Ministro SÉRGIO KUKINA (1155)

Órgão Julgador

T1 - PRIMEIRA TURMA

Data do Julgamento

16/02/2017

Data da Publicação/Fonte

DJe 24/02/2017

Ementa

RECURSO FUNDADO NO CPC/2015. ADMINISTRATIVO. PROCESSO CIVIL. DESAPROPRIAÇÃO INDIRETA. AMPLIAÇÃO DA ÁREA DE PROTEÇÃO AMBIENTAL. SÚMULA 280/STF. AUSÊNCIA DE IMPUGNAÇÃO DO FUNDAMENTO ADOTADO NA DECISÃO AGRAVADA. SÚMULA 182/STJ. **HONORÁRIOS** SUCUMBENCIAIS. REVISÃO. IMPOSSIBILIDADE. INCIDÊNCIA DA SÚMULA 7/STJ. 1. Verifica-se não ter ocorrido ofensa ao art. 535 do CPC, na medida em que o Tribunal de origem dirimiu, fundamentadamente, as questões que lhe foram submetidas, apreciando integralmente a controvérsia posta nos presentes autos. 2. No tocante à questão de fundo, não houve impugnação específica aos fundamentos adotados na decisão agravada para não conhecer da irresignação, obstando o conhecimento do agravo interno nesse ponto, conforme o disposto no art. 1.021, § 1º, do CPC/15 e o texto da Súmula 182/STJ. 3. Nos termos da jurisprudência desta Corte, em regra, não se mostra possível em recurso especial a revisão do valor fixado a título de **honorários** advocatícios, pois tal providência exige novo exame do contexto fático-probatório constante dos autos, o que é vedado pela Súmula 7/STJ. 4. Todavia, o óbice da referida súmula pode ser afastado em situações excepcionais, quando verificado excesso ou insignificância da importância arbitrada, ficando evidenciada ofensa aos princípios da **razoabilidade** e da **proporcionalidade**, hipóteses não configuradas no caso dos presentes autos. 3. Agravo interno parcialmente conhecido e, nessa parte, improvido.

Acórdão

Vistos, relatados e discutidos estes autos, acordam os Ministros da Primeira TURMA do Superior Tribunal de Justiça, por unanimidade, conhecer parcialmente do agravo interno e, nessa parte, negar-lhe provimento, nos termos do voto do Sr. Ministro Relator. Os Srs. Ministros Regina Helena Costa, Gurgel de Faria, Napoleão Nunes Maia Filho e Benedito Gonçalves votaram com o Sr. Ministro Relator.

Referência Legislativa

LEG:FED LEI:005869 ANO:1973
***** CPC-73 CÓDIGO DE PROCESSO CIVIL DE 1973
ART:00535

LEG:FED SUM:****** ANO:****
***** SUM(STJ) SÚMULA DO SUPERIOR TRIBUNAL DE JUSTIÇA
SUM:000007 SUM:000182

Veja

(EXAME DE PROVAS)
STJ - AgRg no AREsp 231992-AP, REsp 1235095-SP

Sucessivos

AgInt no REsp 1406473 PR 2013/0316986-4 Decisão:03/08/2017 DJe DATA:18/08/2017

AgInt no REsp 1607961 AL 2016/0159600-9 Decisão:23/05/2017 DJe DATA:29/05/2017

AgInt no AREsp 1052123 SP 2017/0023848-9 Decisão:16/05/2017 DJe DATA:22/05/2017

Este acórdão possui 9 sucessivos.

Documento 102

Processo

EDITORA JusPODIVM
www.editorajuspodivm.com.br